民商事法
综合实训模拟

MIN SHANG SHI FA ZONG HE SHI XUN MO NI

郑玉敏　陈　晨　沈亚萍　李益民◎编著

合肥工业大学出版社

前　　言

　　民商事法课程群包括民法、商法、民事诉讼法。民法是我国市场经济的最基本的法律，由婚姻家庭法、物权法、合同法、侵权责任法、知识产权法等组成；商法是民法的特别法，由公司法、合伙法、破产法、票据法、保险法、海商法等组成；民事诉讼法是民法的程序法；民法、商法与民事诉讼法的关系是实体法和程序法的关系。民商事法课程群教学在法学专业学生的能力培养中占有重要地位。为适应法学专业学生实践能力培养的需求，本书拟通过综合实训模拟的方式，提高学生对民商事法相关知识的掌握程度以及运用民商事法相关知识解决实际问题的能力。本书的内容包括《民法总论》综合实训模拟、《物权法学》综合实训模拟、《侵权责任法学》综合实训模拟、《商法学》综合实训模拟、《民事诉讼法学》综合实训模拟。主要实训方式包括选择、判断、名词解析、简单分析、案例分析等。学生在学完相应的课程后，可以运用本书包含的实训方式检验出自己对相关法律知识的掌握程度，进一步提高自己理解和运用有关法律法规的能力。

目 录

第一章　《民法总论》综合实训模拟

《民法总论》综合实训模拟一

一、单项选择题（共20分，每题2分）

1. 民事法律关系是一种（　　）。
A. 自愿形成的社会关系　　　　　　B. 物质的社会关系
C. 情理关系　　　　　　　　　　　D. 生产关系

2. 有关民事法律行为论述错误的是（　　）。
A. 它以动机为必备要素　　　　　　B. 它以行为人意思表示为要素
C. 它以发生一定法律后果为目的　　D. 它是一种合法行为

3. 依照《民法通则》的规定，不能完全辨认自己行为的精神病人中的成年人是（　　）。
A. 无民事行为能力人　　　　　　　B. 限制民事行为能力人
C. 视为完全民事行为能力人　　　　D. 完全民事行为能力人

4. 下列法人属于财团法人的是（　　）。
A. 大华贸易公司　　　　　　　　　B. 联营公司
C. 宋庆龄基金会　　　　　　　　　D. 律师协会

5. 下列代理行为不属于滥用代理权的是（　　）。
A. 某甲代理乙与自己买卖房屋
B. 某甲代理乙与自己的被代理人丙租赁机器
C. 某甲去外地为乙代理购买水果，但由于途中患病，迫于情势，甲委

托丙为乙去购水果

D. 某甲要求乙为其购买干果，但乙认为鲜果更易销，于是购买了鲜果

6. 甲公司分立为乙丙两公司，约定由乙公司承担甲公司全部债务的清偿责任，丙公司继受甲公司全部债权。关于该协议的效力，下列哪一选项是正确的?（　　　）

A. 该协议仅对乙丙两公司具有约束力，对甲公司的债权人并非当然有效

B. 该协议无效，应当由乙丙两公司对甲公司的债务承担连带清偿责任

C. 该协议有效，甲公司的债权人只能请求乙公司对甲公司的债务承担清偿责任

D. 该协议效力待定，应当由甲公司的债权人选择分立后的公司清偿债务

7. 下列哪一情形构成无权代理?（　　　）

A. 甲冒用乙的姓名从某杂志社领取乙的论文稿酬据为己有

B. 某公司董事长超越权限以本公司名义为他人提供担保

C. 刘某受同学周某之托冒充丁某参加求职面试

D. 关某代收某推销员谎称关某的邻居李某订购的保健品并代为付款

8. 诉讼时效因当事人一方提出要求而中断，下列哪一情形不能产生诉讼时效中断的效力?（　　　）

A. 对方当事人在当事人主张权利的文书上签字、盖章的

B. 当事人一方以发送信件或数据电文方式主张权利，该信件或数据电文应当到达对方当事人的

C. 当事人一方为金融机构，依照法律规定或当事人约定从对方当事人账户中扣收欠款本息的

D. 当事人一方下落不明，对方当事人在下落不明当事人一方住所地的县（市）级有影响的媒体上刊登具有主张权利内容的公告的

9. 朴某系知名美容专家。某医院未经朴某同意，将其作为医院美容专家，在医院网站上使用了朴某照片和简介，且将朴某名字和简介错误地安在了其他专家的照片旁。下列哪一说法是正确的?（　　　）

A. 医院未侵犯朴某的姓名权

B. 医院未侵犯朴某的肖像权

C. 医院侵犯了朴某的肖像权和姓名权

D. 医院侵犯了朴某的荣誉权

10. 关于民事法律关系，下列哪一选项是正确的?（　　　）

A. 民事法律关系只能由当事人自主设立

B. 民事法律关系的主体即自然人和法人

C. 民事法律关系的客体包括不作为

D. 民事法律关系的内容均由法律规定

二、判断题（共 10 分，每题 2 分）

1. 双方法律行为都是有偿的。　　　　　　　　　　　　　　（　　　）

2. 延缓条件成就时，法律行为生效。　　　　　　　　　　　（　　　）

3. 企业法人注销登记的主管机关为司法部门。　　　　　　　（　　　）

4. 任何事实和现象都可以成为法律事实。　　　　　　　　　（　　　）

5. 要式法律行为要求当事人一方必须践行交付行为。　　　　（　　　）

三、多项选择题（共 15 分，每题 3 分）

1. 8 周岁小学生刘蓓自己用压岁钱 300 元购买了文具等学习用品，则她的行为（　　　）。

A. 有法律效力，可独立完成

B. 需要经过其法定代理人同意

C. 需要经过其法定代理人追认

D. 可以定为单方法律行为

2. 可申请宣告失踪人死亡的主体有（　　　）。

A. 配偶 　　　　　　　　　　　　B. 父母

C. 子女 　　　　　　　　　　　　D. 祖父母、外祖父母

3. 甲与乙签订了一份租房协议，约定如果甲父死亡，则甲将房租与乙居住。这一民事行为（　　　）。

A. 既未成立，也未生效 　　　　　B. 已成立，但未生效

C. 已成立并已生效 　　　　　　　D. 是附条件的民事行为

4. 下列权利中属于人格权的是（　　　）。

A. 生命权 　　　　　　　　　　　B. 监护权

C. 名誉权 　　　　　　　　　　　D. 肖像权

E. 作品署名权

5. 赠与行为属于（　　　）。

A. 单方法律行为 　　　　　　　　B. 实践法律行为

C. 有偿法律行为 　　　　　　　　D. 无偿法律行为

四、名词解释题（共 15 分，每题 5 分）

1. 公序良俗原则

2. 民事法律事实

3. 意思表示

五、简述题（共 12 分，每题 6 分）

1. 简述民事法律关系的概念和要素。

2. 法人终止的原因有哪些?

六、案例分析题 (28分)

1. 2007年12月,胡某所在单位决定派他到加拿大学习两年,因办离国手续一时钱不够用,遂向朋友张某借款3万元,并立字据约定胡某在出国时将钱还清。但胡某直到2008年7月27日出国,都一直没有还钱,此前张某虽然经常来看望胡某,但也对钱的事只字未提。胡某在国外两年与张某也有过联系,但都没有说钱的事。2010年8月,胡某回国。2010年10月6日,张某因买房急需钱,找到胡某,胡某当即表示,全部钱款月底还清,并在原来的字据上对此作了注明。11月5日,当张某再次来找胡某要钱时,胡某却称,他的一个律师朋友说他们之间的债务已超过2年的诉讼时效,可以不用还了。张某气愤不已,第2天就向法院提起了诉讼,要求胡某偿还3万元的本金和利息。

问:(1)胡某在2010年10月在字据上对月底还钱作注明的行为有何种效力?(7分)

(2)张某能否通过诉讼取回胡某欠他的钱?(7分)

2. 甲为一机械厂的采购员，经常在全国各地出差。乙是其邻居，平时以采撷山药为生。1998 年 10 月，乙在山中挖到一名贵草药，正好甲要到上海出差，于是乙就委托甲将草药带去卖掉，听说上海这种草药的价钱较高。甲将草药带到邻村的一朋友家中；朋友的父亲丙是一名老中医，他看了之后请甲将草药卖给他，并表示愿给甲 500 元的好处费。结果甲以低于上海市场将近 1000 元的价格把草药卖给了丙，双方还约定，如果事后乙来此处打听这种草药的市场价格，丙就说此草药现在已经大跌价，连在上海都不值钱了。不想此事被到丙家来看病的乙的一个远房亲戚听见，不久就告诉了乙。乙遂要求甲和丙赔偿自己损失。

请问：（1）甲将药卖给丙的行为是一种什么性质的行为？（7 分）

（2）乙是否有权要求甲和丙两人赔偿？为什么？（7 分）

《民法总论》综合实训模拟二

一、单项选择题（共20分，每题2分）

1. 李某与合伙企业"大木采石厂"各出资50万元组建了一家具有独立法人资格的大木贸易有限公司，经营建筑材料，聘请营销专家陈某担任经理。这里谁负"有限责任"？（　　）

A. "大木采石厂"对合伙企业债务

B. 大木有限公司对公司所负债务

C. 李某和"大木采石厂"对大木有限公司债务

D. 陈某对大木有限公司债务

2. 甲偷看了好友乙的日记后，向其他人透露乙在日记中所记载的一些情感话语，众人虽然未以此取笑乙，但是乙得知后仍然痛苦万分而跳楼自杀，结果身负重伤，下肢瘫痪。甲的行为（　　）。

A. 不构成民事侵权　　　　　　B. 侵害了乙的身体权

C. 侵害了乙的隐私权　　　　　D. 侵害了乙的名誉权

3. 甲委托乙代理汽车买卖交易，其明知乙代理行为违法，但未作反对，由此产生的责任（　　）。

A. 由甲承担

B. 由乙承担

C. 甲、乙二人承担连带责任

D. 甲承担责任，不足部分由乙清偿

4. 下列属于实践合同的是（　　）。

A. 买卖合同　　　　　　　　　B. 租赁合同

C. 保管合同　　　　　　　　　D. 承揽合同

5. 依照《民法通则》的规定，不能完全辨认自己行为的精神病人中的成年人是（　　）。

A. 无民事行为能力人　　　　　B. 限制民事行为能力人

C. 视为完全民事行为能力人　　D. 完全民事行为能力人

6. 因意外失踪，利害关系人申请失踪人为宣告死亡人的，人民法院寻找失踪人的公告期为（　　）。

A. 3个月　　　　　　B. 6个月　　　　　　C. 9个月　　　　　　D. 1年

7. 甲于 1995 年 2 月 1 日失踪，其妻乙于 1999 年 7 月 3 日向法院申请宣告甲死亡，法院发出一年公告后，于 2000 年 8 月 4 日判决宣告甲死亡。则依法，甲的死亡日期为(   )。

A. 1995 年 2 月 1 日   B. 1999 年 7 月 3 日

C. 2000 年 7 月 3 日   D. 2000 年 8 月 4 日

8. 下列不具有法人资格的是(   )。

A. 上海铁路局   B. 北京市邮政局

C. 工商银行湖南省分行   D. 广州白云机场

9. 国家自然科学基金委员会在性质上属于(   )。

A. 机关法人   B. 社会团体法人

C. 基金会法人   D. 事业单位法人

10. 法定代表人变更以后，原订立的合同(   )。

A. 一律无效   B. 应继续履行

C. 经追认后有效   D. 部分有效

二、判断题（共 10 分，每题 2 分）

1. 任何法律关系中权利主体都是特定的，只有义务主体才有特定与不特定之分。（   ）

2. 公民宣告失踪，下落不明满 2 年的起算时间从公民音讯消失之日起计算。（   ）

3. 凡是经被代理人同意的转委托，被代理人有权就代理事务直接指示复代理人。（   ）

4. 不可抗力是指不能预见并且不可避免的客观情况。（   ）

5. 第三人知道代理人无代理权但仍和代理人进行交易的，其行为的法律后果都由第三人承担。（   ）

三、多项选择题（共 15 分，每题 3 分）

1. 在委托代理中，代理人为了被代理人的利益转托他人代理，发生再代理效力的是(   )。

A. 事先取得被代理人的同意

B. 事后告知被代理人且取得被代理人的追认

C. 事后告知被代理人，但被代理人未表示同意

D. 事先告知被代理人，但未取得被代理人同意

2. 北方某市甲商场业务员乙到丙公司采购空调，见丙公司生产的浴室

防水暖风机小巧实用，在暖气没有来临之前以及在暖气停止之后的一段时间之内对普通家庭大为有用，遂自行决定购买一批该公司生产的暖风机。货运到后，甲商场即对外销售该暖风机。后因该市提前供应暖气，暖风机销量大减。甲商场遂主张乙为无权代理，其所订合同为效力未定的合同，现甲拒绝追认并拒付货款。对此，下列表述中，不正确的有（　　）。

    A. 甲商场应支付货款，因为乙为表见代理

    B. 甲商场应支付货款，因为乙的行为已经其追认

    C. 甲商场可以拒付货款，因为乙的行为为无权代理

    D. 甲商场可以拒付货款，因为乙的行为为滥用代理权的行为

    3. 下列属于事实行为的有（　　）。

    A. 无因管理行为　　　　　　　　　　B. 正当防卫行为

    C. 紧急避险行为　　　　　　　　　　D. 合同行为

    4. 王某与张某签订了一份书面合同，约定由王某在签约后 3 日借给张某 2 万元，张某于半年后偿还该 2 万元并支付 10% 的利息，该行为属于何种民事法律行为？（　　）

    A. 有偿民事法律行为　　　　　　　　B. 无偿民事法律行为

    C. 诺成民事法律行为　　　　　　　　D. 实践民事法律行为

    5. 甲因参加全国律师资格考试，连续三次均差一分而落榜，愤而弃其书于垃圾堆。清洁工人乙于清洁垃圾时发现该套书，喜拾之给其儿子丙学习之用。对此，下列表述中，正确的有（　　）。

    A. 甲所为意思表示为有相对人的意思表示

    B. 甲所为意思表示为无相对人的意思表示

    C. 甲所为意思表示于完成时发生效力

    D. 甲所为意思表示于乙拾到时发生效力

四、名词解释题（共 15 分，每题 5 分）

    1. 监护

2. 诉讼时效的中断

3. 人身权

五、简述题（共 12 分，每题 6 分）

1. 什么是效力未定的民事行为？有哪些类型？

2. 简述代理的概念和分类。

六、案例分析题（28分）

张某在一风景区旅游，爬到山顶后，见一女子孤身站在山顶悬崖边上，目光异样，即心生疑惑。该女子见有人来，便向崖下跳去，张某情急中拉住女子衣服，将女子救上来。张某救人过程中，随身携带的价值2000元的照相机被碰坏，手臂被擦伤；女子的头也被碰伤，衣服被撕破。张某将女子送到山下医院，为其支付各种费用500元，并为包扎自己的伤口用去20元。当晚，张某住在医院招待所，但已身无分文，只好向服务员借了100元，用以支付食宿费。次日，轻生女子家人赶到医院，向张某表示感谢。

问题：

（1）张某与轻生女子之间存在何种民事法律关系？（7分）

（2）张某的照相机被损坏以及治疗自己伤口的费用女子应否偿付？（7分）

（3）张某能否请求女子给付一定的报酬？（7分）

（4）张某应否赔偿女子的衣服损失？（7分）

《民法总论》综合实训模拟三

一、单项选择题（共20分，每题2分）

1. 李某与合伙企业"大木采石厂"各出资50万元组建了一家具有独立法人资格的大木贸易有限公司，经营建筑材料，聘请营销专家陈某担任经理。这里谁负"有限责任"？（　　）

A. "大木采石厂"对合伙企业债务

B. 大木有限公司对公司所负债务

C. 李某和"大木采石厂"对大木有限公司债务

D. 陈某对大木有限公司债务

2. 甲偷看了好友乙的日记后，向其他人透露乙在日记中所记载的一些情感话语，众人虽然未以此取笑乙，但是乙得知后仍然痛苦万分而跳楼自杀，结果身负重伤，下肢瘫痪。甲的行为（　　）。

A. 不构成民事侵权　　　　　　　B. 侵害了乙的身体权

C. 侵害了乙的隐私权　　　　　　D. 侵害了乙的名誉权

3. 甲委托乙代理汽车买卖交易，其明知乙代理行为违法，但未作反对，由此产生的责任（　　）。

A. 由甲承担　　　　　　　　　　B. 由乙承担

C. 甲、乙二人承担连带责任　　　D. 甲承担责任，不足部分由乙清偿

4. 下列属于实践合同的是（　　）。

A. 买卖合同　　　　　　　　　　B. 租赁合同

C. 保管合同　　　　　　　　　　D. 承揽合同

5. 依照《民法通则》的规定，不能完全辨认自己行为的精神病人中的成年人是（　　）。

A. 无民事行为能力人　　　　　　B. 限制民事行为能力人

C. 视为完全民事行为能力人　　　D. 完全民事行为能力人

6. 在下列情形中，属于无因管理的有（　　）。

A. 甲拾得乙丢失的牛，在积极寻找失主的同时，对该牛进行管理

B. 买方无正当理由拒收卖方交付的货物，卖方对该货物进行管理

C. 在加工合同中，承揽人管理定做人提供的原材料

D. 超市对进入超市的顾客的皮包进行保管

7. 自然人的民事权利能力（　　）。

A. 始于出生　　　　　　　　　　　　B. 始于年满 18 周岁

C. 始于结婚　　　　　　　　　　　　D. 始于具有劳动能力

8. 甲户籍在合肥，单位派其常驻深圳工作，3 年后辞职到上海发展，并在上海买房居住一年半，现因患病在北京治疗 15 个月，其住所应当是（　　）。

A. 合肥　　　　　　B. 深圳　　　　　　C. 上海　　　　　　D. 北京

9. 同一顺序的利害关系人，有的申请宣告失踪人死亡，有的不同意宣告失踪人死亡，则（　　）。

A. 由人民法院根据具体情况判定　　　B. 应当宣告死亡

C. 不应当宣告死亡　　　　　　　　　D. 应当宣告失踪

10. 下列民事权利不属于形成权的是（　　）。

A. 抵押权　　　　　　　　　　　　　B. 追认权

C. 撤销权　　　　　　　　　　　　　D. 解除权

二、判断题（共 10 分，每题 2 分）

1. 任何法律关系中权利主体都是特定的，只有义务主体才有特定与不特定之分。　　　　　　　　　　　　　　　　　　　　　（　　）

2. 公民宣告失踪，下落不明满 2 年的起算时间从公民音讯消失之日起计算。　　　　　　　　　　　　　　　　　　　　　　（　　）

3. 凡是经被代理人同意的转委托，被代理人有权就代理事务直接指示复代理人。　　　　　　　　　　　　　　　　　　　　（　　）

4. 不可抗力是指不能预见并且不可避免的客观情况。　　　　（　　）

5. 第三人知道代理人无代理权但仍和代理人进行交易的，其行为的法律后果都由第三人承担。　　　　　　　　　　　　　　（　　）

三、多项选择题（共 15 分，每题 3 分）

1. 张某到王某家聊天，王某去厕所时张某帮其接听了刘某打来的电话。刘某欲向王某订购一批货物，请张某转告，张某应允。随后张某感到有利可图，没有向王某转告订购之事，而是自己低价购进了刘某所需货物，以王某名义交货并收取了刘某货款。关于张某将货物出卖给刘某的行为的性质，下列哪些说法正确？（　　）

A. 无权代理　　　　　　　　　　　　B. 无因管理

C. 不当得利 　　　　　　　　　　D. 效力待定

2. 某公司因合同纠纷的诉讼时效问题咨询律师。关于律师的答复，下列哪些选项是正确的？（　　　）

A. 当事人不得违反法律规定，约定延长或者缩短诉讼时效期间、预先放弃诉讼时效利益

B. 当事人约定同一债务分期履行的，诉讼时效期间从最后一期履行期限届满之日起计算

C. 当事人在一审期间未提出诉讼时效抗辩的，二审期间不能提出该抗辩

D. 诉讼时效届满，当事人一方向对方当事人做出同意履行义务意思表示的，不得再以时效届满为由进行抗辩

3. 女青年牛某因在一档电视相亲节目中言辞犀利而受到观众关注，一时应者如云。有网民对其发动"人肉搜索"，在相关网站首次披露牛某的曾用名、儿时相片、家庭背景、恋爱史等信息，并有人在网站上捏造牛某曾与某明星有染的情节。关于网民的行为，下列哪些说法是正确的？（　　　）

A. 侵害牛某的姓名权 　　　　　　B. 侵害牛某的肖像权
C. 侵害牛某的隐私权 　　　　　　D. 侵害牛某的名誉权

4. 张某因病住院，医生手术时误将一肾脏摘除。张某向法院起诉，要求医院赔偿治疗费用和精神损害抚慰金。法院审理期间，张某术后感染医治无效死亡。关于此案，下列哪些说法是正确的？（　　　）

A. 医院侵犯了张某的健康权和生命权

B. 张某继承人有权继承张某的医疗费赔偿请求权

C. 张某继承人有权继承张某的精神损害抚慰金请求权

D. 张某死后其配偶、父母和子女有权另行起诉，请求医院赔偿自己的精神损害

5. 关于宣告死亡，下列哪些选项是正确的？（　　　）

A. 宣告死亡的申请人有顺序先后的限制

B. 有民事行为能力人在被宣告死亡期间实施的民事行为有效

C. 被宣告死亡的人与其配偶的婚姻关系因死亡宣告的撤销而自行恢复

D. 被撤销死亡宣告的人有权请求依《继承法》取得其财产者返还原物或给予适当补偿

四、名词解释题（共 15 分，每题 5 分）

1. 监护

2. 诉讼时效的中断

3. 人身权

五、简述题（共 12 分，每题 6 分）

1. 简答无因管理的构成要件。

2. 简述代理的概念和分类。

六、案例分析题 (28分)

1. 甲为一个体工商户，因经营不善，欠乙50万元，现还款期已到。为还款，甲将其好友丙因出国而寄放在甲处的一辆摩托车，以自己的名义出售给丁。戊知晓甲的处境，遂提出要以30万元的价格购买甲一件祖传古玩（估价为50万元），甲因一时无法找到买主，只好答应了戊的要求。请回答下列问题：

（1）甲与丁之间的买卖摩托车行为效力如何？为什么？（7分）

（2）甲与戊之间的买卖古玩的行为效力如何？为什么？（7分）

2. 1990年6月5日，贾某与苏某在蔬菜批发站相遇。二人遂相约去苏某家小酌。贾某到苏某家后，看到苏某家院中停放着一辆崭新的机动三轮车，贾某即向苏某打听价格高低及车辆的性能。苏某为炫耀自己的车技，开动机动三轮车，带贾某出去到公路上兜风。回来后在院中停车时，因误踩油门，车撞在院墙上，把墙撞倒，苏某头被撞伤，贾某从车上摔到地上，造成左脚踝骨粉碎性骨折，头被撞破，并当场昏迷，三天后方醒，但仍伴有头痛等后遗症。在某市一家医院进行治疗期间，贾某花去费用计4000元。苏某为其支付了2000元费用。贾某出院后，在家休息期间，苏某常去探望。贾某也未向其要求支付剩余的医疗费用4000元和出院后继续治疗的费用。1990年至1991年间，苏某时常自己或偕同妻子一起来贾家，购买一些营养品，在1991年5月，又送来1500元医疗费。但在1992年3月5日，贾某向苏某要求其支付住院期间的医药费2500元和出院后的治疗费用计800元。苏某称自己一直在为贾某支付一些营养费，不愿再支付贾提出的 3300 元的医疗费。后双方协商未果。贾某遂于 1993 年 2 月 21 日向某市郊区人民法院提起诉讼，要求苏某承担医疗费 3300 元。

（1）请问贾某提起民事诉讼是否已经超过诉讼时效了？（4 分）

（2）如何确定本案的诉讼时效？（10 分）

《民法总论》综合实训模拟四

一、单项选择题（共20分，每题2分）

1. 民事法律关系是一种（　　　）。
A. 自愿形成的社会关系　　　　　　B. 物质的社会关系
C. 情理关系　　　　　　　　　　　D. 生产关系

2. 有关民事法律行为论述错误的是（　　　）。
A. 它以动机为必备要素
B. 它以行为人意思表示为要素
C. 它以发生一定法律后果为目的
D. 它是一种合法行为

3. 下列关于合伙企业经营积累的财产性质的说法中，正确的是（　　　）。
A. 为各合伙人个人所有　　　　　　B. 为原设资人所有
C. 为全体合伙人共有　　　　　　　D. 为合伙企业所有

4. 下列法人属于财团法人的是（　　　）。
A. 大华贸易公司　　　　　　　　　B. 联营公司
C. 宋庆龄基金会　　　　　　　　　D. 律师协会

5. 下列代理行为不属于滥用代理权的是（　　　）。
A. 某甲代理乙与自己买卖房屋
B. 某甲代理乙与自己的被代理人丙租赁机器
C. 某甲去外地为乙代理购买水果，但由于途中患病，迫于情势，甲委托丙为乙去购水果
D. 某甲要求乙为其购买干果，但乙认为鲜果更易销，于是购买了鲜果

6. 甲知其新房屋南面临地将建一高层楼房，佯装不知，将房屋售于乙。半年后，南面高楼建成，乙的房屋受不到阳光照射。此例中，甲违反了民法的哪一项原则？（　　　）
A. 平等原则　　　　　　　　　　　B. 自愿原则
C. 公平原则　　　　　　　　　　　D. 诚实信用原则

7. 下列行为中，不违反禁止权利滥用原则的有（　　　）。
A. 甲将自己废弃不用的汽车置于马路中央的行为

B. 乙拒绝接受丁遗赠给其一台电脑的行为

C. 丙于下午在自己的房间里唱卡拉 OK 直到凌晨影响邻居休息的行为

D. 丁在自己承包的耕地上建坟的行为

8. 下列各项中，不属于民事法律关系的要素的是(　　)。

A. 主体　　　　　　　B. 客体　　　　　　　C. 内容　　　　　　　D. 形式

9. 下列不能成为民事法律关系的客体的是(　　)。

A. 塘中的鱼　　　　　　　　　　　B. 夜空中的星星

C. 不作为　　　　　　　　　　　　D. 企业的名称权

10. 下列不属于形成权的是(　　)。

A. 撤销权　　　　　　　　　　　　B. 解除权

C. 债权请求权　　　　　　　　　　D. 追认权

二、判断题（共 10 分，每题 2 分）

1. 双方法律行为都是有偿的。　　　　　　　　　　　　　　　　(　　)

2. 延缓条件成就时，法律行为生效。　　　　　　　　　　　　　(　　)

3. 企业法人注销登记的主管机关为司法部门。　　　　　　　　　(　　)

4. 任何事实和现象都可以成为法律事实。　　　　　　　　　　　(　　)

5. 要式法律行为要求当事人一方必须践行交付行为。　　　　　　(　　)

三、多项选择题（共 15 分，每题 3 分）

1. 民事法律行为的形式有(　　)。

A. 口头形式　　　　　　　　　　　B. 书面形式

C. 推定形式　　　　　　　　　　　D. 沉默形式

2. 意思表示瑕疵的法定事由包括(　　)。

A. 欺诈　　　　　　　　　　　　　B. 胁迫

C. 乘人之危　　　　　　　　　　　D. 重大误解

3. 甲与乙签订一份租房协议，协议规定，如果甲与丙结婚将租用乙的两居室。这一民事行为的性质如何认定？(　　)

A. 是附条件的民事行为　　　　　　B. 是附期限的民事行为

C. 已成立但未生效　　　　　　　　D. 已成立并已生效

4. 下列行为中，不得附条件的有(　　)。

A. 法定抵销　　　　　　　　　　　B. 结婚

C. 票据背书　　　　　　　　　　　D. 借款行为

5. 下列社会关系属于民法的调整对象的有(　　)。

A. 自然人甲与自然人乙之间订立的电脑买卖合同关系

B. 中国公民丙与中国公民丁之间缔结的婚姻关系

C. 甲税务机关与自然人乙之间订立的电脑买卖合同关系

D. 甲税务机关与自然人乙之间税款征收关系

四、名词解释题（共 15 分，每题 5 分）

1. 诚实信用原则

2. 民事法律事实

3. 意思表示

五、简述题（共 12 分，每题 6 分）

1. 简述民事法律关系的概念和要素。

2. 民事法律行为的特点？

六、案例分析题（28分）

王某和李某是同事，2000年10月王某因办理出国手续向李某借款3万元，并立字据约定王某在出国前将钱款还清。此后王某出国，在国外生活了3年，其间李某与王某一直电话联系，但是双方对借钱一事却只字未提。2003年12月30日王某回国，李某因盖房急需钱，找到王某，王某表示尽快还，并在原字据上写下"2004年1月30日前还清"。2004年2月10日李某再找王某时，王某称债务早已过诉讼时效，不用返还。问：

（1）李某对王某债权的诉讼时效期间是否已经届满？（7分）

（2）王某在字据上写下的"2004年1月30日前还清"的行为有何效力？（7分）

（3）李某能否通过诉讼要回王某欠他的钱？（7分）

（4）若2000年10月李某借给王某钱时，双方未在字据中约定还款期限，则2003年王某回国时李某请求王某还款能否得到法院支持？（7分）

《民法总论》综合实训模拟五

一、单项选择题（共20分，每题2分）

1. 甲偷看了好友乙的日记后，向其他人透露乙在日记中所记载的一些情感话语，众人虽然未以此取笑乙，但是乙得知后仍然痛苦万分而跳楼自杀，结果身负重伤，下肢瘫痪。甲的行为（   ）。

A. 不构成民事侵权　　　　　　　　B. 侵害了乙的身体权

C. 侵害了乙的隐私权　　　　　　　D. 侵害了乙的名誉权

2. 甲乙二人订立合同，合同约定"本合同自乙父去世之时失效"，该条款属于（   ）。

A. 肯定延缓条件　　　　　　　　　B. 肯定解除条件

C. 始期　　　　　　　　　　　　　D. 终期

3. 甲委托乙代理汽车买卖交易，其明知乙代理行为违法，但未作反对，由此产生的责任（   ）。

A. 由甲承担

B. 由乙承担

C. 甲、乙二人承担连带责任

D. 甲承担责任，不足部分由乙清偿

4. 下列属于实践合同的是（   ）。

A. 买卖合同　　　　　　　　　　　B. 租赁合同

C. 保管合同　　　　　　　　　　　D. 承揽合同

5. 下列关于合伙企业经营积累的财产性质的说法中，正确的是（   ）。

A. 为各合伙人个人所有　　　　　　B. 为原设资人所有

C. 为全体合伙人共有　　　　　　　D. 为合伙企业所有

6. 下列哪种情形成立民事法律关系？（   ）

A. 甲与乙约定某日商谈合作开发房地产事宜

B. 甲对乙说："如果你考上研究生，我就嫁给你。"

C. 甲不知乙不胜酒力而极力劝酒，致乙酒精中毒住院治疗

D. 甲应同事乙之邀前往某水库游泳，因抽筋溺水身亡

7. 甲被法院宣告死亡，甲父乙、甲妻丙、甲子丁分割了其遗产。后乙病故，丁代位继承了乙的部分遗产。丙与戊再婚后因车祸遇难，丁、戊又分割了丙的遗产。现甲重新出现，法院撤销死亡宣告。下列哪种说法是正确的？（　　　）

A. 丁应将其从甲、乙、丙处继承的全部财产返还给甲

B. 丁只应将其从甲、乙处继承的全部财产返还给甲

C. 戊从丙处继承的全部财产都应返还给甲

D. 丁、戊应将从丙处继承的而丙从甲处继承的财产返还给甲

8. 关于企业法人对其法定代表人行为承担民事责任的下列哪一表述是正确的？（　　　）

A. 仅对其合法的经营行为承担民事责任

B. 仅对其符合法人章程的经营行为承担民事责任

C. 仅对其以法人名义从事的经营行为承担民事责任

D. 仅对其符合法人登记经营范围的经营行为承担民事责任

9. 甲欠丙800元到期无力偿还，乙替甲还款，并对甲说："这800元就算给你了。"甲称将来一定奉还。事后甲还了乙500元。后二人交恶，乙要求甲偿还余款300元，甲则以乙送自己800元为由要求乙退回500元。下列哪种说法是正确的？（　　　）

A. 甲应再还300元

B. 乙应退回500元

C. 乙不必退回甲500元，甲也不必再还乙300元

D. 乙应退还甲500元及银行存款同期利息

10. A公司经销健身器材，规定每台售价为2000元，业务员按合同价5%提取奖金。业务员王某在与B公司洽谈时提出，合同定价按公司规定办，但自己按每台50元补贴B公司。B公司表示同意，遂与王某签订了订货合同，并将获得的补贴款入账。对王某的行为应如何定性？（　　　）

A. 属于无权代理　　　　　　　　　B. 属于滥用代理权

C. 属于不正当竞争　　　　　　　　D. 属于合法行为

二、判断题（共10分，每题2分）

1. 任何法律关系中权利主体都是特定的，只有义务主体才有特定与不特定之分。　　　　　　　　　　　　　　　　　　　　　（　　）

2. 公民宣告失踪，下落不明满2年的起算时间从公民音讯消失之日起计算。　　　　　　　　　　　　　　　　　　　　　　（　　）

3. 凡是经被代理人同意的转委托，被代理人有权就代理事务直接指示复代理人。   （   ）

4. 不可抗力是指不能预见并且不可避免的客观情况。   （   ）

5. 第三人知道代理人无代理权但仍和代理人进行交易的，其行为的法律后果都由第三人承担。   （   ）

三、多项选择题（共 15 分，每题 3 分）

1. 关于诉讼时效的表述，下列哪些选项是正确的？（   ）

A. 当事人可以对债权请求权提出诉讼时效抗辩，但法律规定的有些债权请求权不适用诉讼时效的规定

B. 当事人不能约定延长或缩短诉讼时效期间，也不能预先放弃诉讼时效利益

C. 当事人未提出诉讼时效抗辩的，法院不应对诉讼时效问题进行阐明及主动适用诉讼时效的规定进行裁判

D. 当事人在一审、二审期间都可以提出诉讼时效抗辩

2. 甲发现去年丢失的电动自行车被路人乙推行，便上前询问，乙称从朋友丙处购买，并出示了丙出具的付款收条。如甲想追回该自行车，可以提出下列哪些理由支持请求？（   ）

A. 甲丢失该自行车被丙拾得

B. 丙从甲处偷了该自行车

C. 乙明知道该自行车是丙从甲处偷来的仍然购买

D. 乙向丙支付的价格远远低于市场价

3. 甲、乙、丙按不同的比例共有一套房屋，约定轮流使用。在甲居住期间，房屋廊檐脱落砸伤行人丁。下列哪些选项是正确的？（   ）

A. 甲、乙、丙如不能证明自己没有过错，应对丁承担连带赔偿责任

B. 丁有权请求甲承担侵权责任

C. 如甲承担了侵权责任，则乙、丙应按各自份额分担损失

D. 本案侵权责任适用过错责任原则

4. 关于民事权利，下列哪些选项是正确的？（   ）

A. 甲公司与乙银行签订借款合同，乙对甲享有的要求其还款的权利不具有排他性

B. 丙公司与丁公司协议，丙不在丁建筑的某楼前建造高于该楼的建筑，丁对丙享有的此项权利具有支配性

C. 债权人要求保证人履行，保证人以债权人未对主债务人提起诉讼或

申请仲裁为由拒绝履行，保证人的此项权利是抗辩权

D. 债权人撤销债务人与第三人的赠予合同的权利不受诉讼时效的限制

5. 关于诉讼时效，下列哪些选项是正确的？（　　　）

A. 诉讼时效仅适用于请求权

B. 一般诉讼时效期间属可变期间

C. 诉讼时效期间均从权利人知道或应当知道权利被侵害时起计算

D. 诉讼时效期间届满后所受领的给付构成不当得利

四、名词解释题（共 15 分，每题 5 分）

1. 诉讼时效的中断

2. 合伙

3. 无因管理

五、简述题（共 12 分，每题 6 分）

1. 简答不当得利的构成要件。

2. 简述代理的概念和分类。

六、案例分析题（28 分）

1. 2000 年 3 月 10 日清晨，急于到医院分娩的孕妇王丽在丈夫的搀扶下来到马路边，准备乘坐出租车到医院分娩。时值清晨，出租车极少。十余分钟后，一辆出租车终于在王丽一家人身边停下。该车司机于凡对王丽及家人称：该车是新车，孕妇乘坐会弄脏车座，而且三人同时乘坐会增加燃油量，如果想坐，需要支付平时乘车费用 6 倍的乘车费，否则不能上车。王丽的丈夫考虑到天色较早，搭乘出租车极为困难，且王丽的情况紧急，于是同意按 6 倍于平时乘车费的款额支付服务费。事后，王丽及其丈夫向法院起诉，要求返还多收的钱款。

（1）司机的行为是否构成乘人之危？（7 分）

（2）本案应如何处理？（7分）

2. 甲、乙、丙经协商共同成立德利搬家有限责任公司，甲为董事长并担任公司的法定代表人，乙为业务经理，丙为财务负责人。公司章程约定：购置公司财产超过10万元的，应当经过3人协商同意。为更好地承接任务，甲未与乙、丙协商即订购了一辆价值20万元的运货车。在一次搬运的过程中，公司员工王某、李某打闹嬉戏，不慎将客户赵某阳台上的一盆花碰落，恰好砸在行人刘某的头上，刘某为此支付了医疗费和其他费用8万元。在购买车辆及对刘某责任的承担上，甲与乙、丙产生纠纷。

（1）甲所签订的车辆买卖合同效力如何？为什么？（7分）

（2）刘某所受损害应该由谁承担责任？为什么？（7分）

《民法总论》综合实训模拟六

一、单项选择题（共20分，每题2分）

1. 民事法律关系是一种(   )。
   A. 自愿形成的社会关系   B. 物质的社会关系
   C. 情理关系   D. 生产关系

2. 有关民事法律行为论述错误的是(   )。
   A. 它以动机为必备要素
   B. 它以行为人意思表示为要素
   C. 它以发生一定法律后果为目的
   D. 它是一种合法行为

3. 依照《民法通则》的规定，不能完全辨认自己行为的精神病人中的成年人是(   )。
   A. 无民事行为能力人
   B. 限制民事行为能力人
   C. 视为完全民事行为能力人
   D. 完全民事行为能力人

4. 下列法人属于财团法人的是(   )。
   A. 大华贸易公司   B. 联营公司
   C. 宋庆龄基金会   D. 律师协会

5. 下列代理行为不属于滥用代理权的是(   )。
   A. 某甲代理乙与自己买卖房屋
   B. 某甲代理乙与自己的被代理人丙租赁机器
   C. 某甲去外地为乙代理购买水果，但由于途中患病，迫于情势，甲委托丙为乙去购水果
   D. 某甲要求乙为其购买干果，但乙认为鲜果更易销，于是购买了鲜果

6. 甲17岁，以个人积蓄1000元在慈善拍卖会拍得明星乙表演用过的道具，市价约100元。事后，甲觉得道具价值与其价格很不相称，颇为后悔。关于这一买卖，下列哪一说法是正确的？(   )
   A. 买卖显失公平，甲有权要求撤销
   B. 买卖存在重大误解，甲有权要求撤销

C. 买卖无效，甲为限制行为能力人

D. 买卖有效

7. 甲 15 岁，精神病人。关于其监护问题，下列哪一表述是正确的？（   ）

A. 监护人只能是甲的近亲属或关系密切的其他亲属、朋友

B. 监护人可是同一顺序中的数人

C. 对担任监护人有争议的，可直接请求法院裁决

D. 为甲设定监护人，适用关于精神病人监护的规定

8. 根据我国法律规定，关于法人，下列哪一表述是正确的？（   ）

A. 成立社团法人均须登记

B. 银行均是企业法人

C. 法人之间可形成合伙型联营

D. 一人公司均不是法人

9. 某校长甲欲将一套住房以 50 万元出售。某报记者乙找到甲，出价 40 万元，甲拒绝。乙对甲说："我有你贪污的材料，不答应我就举报你。"甲信以为真，以 40 万元将该房卖乙。乙实际并无甲贪污的材料。关于该房屋买卖合同的效力，下列哪一说法是正确的？（   ）

A. 存在欺诈行为，属可撤销合同

B. 存在胁迫行为，属可撤销合同

C. 存在乘人之危的行为，属可撤销合同

D. 存在重大误解，属可撤销合同

10. 甲被乙家的狗咬伤，要求乙赔偿医药费，乙认为甲被狗咬与自己无关，拒绝赔偿。下列哪一选项是正确？（   ）

A. 甲乙之间的赔偿关系属于民法所调整的人身关系

B. 甲请求乙赔偿的权利属于绝对权

C. 甲请求乙赔偿的权利适用诉讼时效

D. 乙拒绝赔偿是行使抗辩权

二、判断题（共 10 分，每题 2 分）

1. 双方法律行为都是有偿的。   （   ）

2. 延缓条件成就时，法律行为生效。   （   ）

3. 企业法人注销登记的主管机关为司法部门。   （   ）

4. 任何事实和现象都可以成为法律事实。   （   ）

5. 要式法律行为要求当事人一方必须践行交付行为。   （   ）

三、多项选择题（共 15 分，每题 3 分）

1. 下列行为中，哪些构成无因管理？（　　）

A. 甲错把他人的牛当成自家的而饲养

B. 乙见邻居家中失火恐殃及自己家，遂用自备的灭火器救火

C. 丙（15 岁）租车将在体育课上昏倒的同学送往医院救治

D. 丁见门前马路下水道井盖被盗致路人跌伤，遂自购一井盖铺上

2. 下列哪些情形构成意思表示？（　　）

A. 甲对乙说："我儿子如果考上重点大学，我一定请你喝酒。"

B. 潘某在寻物启事中称，愿向送还失物者付酬金 500 元

C. 孙某临终前在日记中写道：若离人世，愿将个人藏书赠予好友汪某

D. 何某向一台自动售货机投币购买饮料

3. 关于事业单位法人，下列哪些选项是错误的？（　　）

A. 所有事业单位法人的全部经费均来自国家财政拨款

B. 具备法人条件的事业单位从成立之日起取得法人资格

C. 国家举办的事业单位对其直接占有的动产享有所有权

D. 事业单位法人名誉权遭受侵害的，有权诉请精神损害赔偿

4. 甲正在市场卖鱼，突闻其父病危，急忙离去，邻摊菜贩乙见状遂自作主张代为叫卖，以比甲原每斤 10 元高出 5 元的价格卖出鲜鱼 200 斤，并将多卖的 1000 元收入自己囊中，后乙因急赴喜宴将余下的 100 斤鱼以每斤 3 元卖出。下列哪些选项是正确的？（　　）

A. 乙的行为构成无因管理

B. 乙收取多卖 1000 元构成不当得利

C. 乙低价销售 100 斤鱼构成不当管理，应承担赔偿责任

D. 乙可以要求甲支付一定报酬

5. 周某将拍摄了其结婚仪式的彩色胶卷底片交给某彩扩店冲印，并预交了冲印费。周某于约定日期去取相片，彩扩店告知：因失火，其相片连同底片均被焚毁。周某非常痛苦，诉至法院请求彩扩店赔偿胶卷费、冲印费损失及精神损害。下列哪些选项是正确的（　　）。

A. 彩扩店侵害了周某的财产权和肖像权

B. 彩扩店的行为构成违约行为和侵权行为

C. 彩扩店应当赔偿胶卷费并返还冲印费

D. 周某的精神损害赔偿请求应当得到支持

四、名词解释题（共 15 分，每题 5 分）

1. 无效民事行为

2. 表见代理

3. 时效

五、简述题（共 12 分，每题 6 分）

1. 简述民事法律关系的概念和要素。

2. 构成表见代理的特别要件是什么？

六、案例分析题（28 分）

1. 李某受单位委派到某国考察，王某听说后委托李某代买一种该国产的名贵药材。李某考察归来后将所买的价值 1500 元的药送至王某家中。但王某的儿子告诉李某，其父已于不久前去世，这药本来就是给他治病的，现在父亲已去世，药也就不要了，请李某自己处理。李某非常生气，认为不管王某是否活着，这药王家都应该收下。

（1）李某的行为的法律后果到底应由谁来承担？（7 分）

（2）药是否应由王家出钱买下？为什么？（7 分）

2. 1987 年 12 月，胡某所在单位决定派他到加拿大学习两年，因办理出国手续一时钱不够用，遂向朋友张某借款 3 万元，并立字据约定胡某在出国前将钱还清。但胡某直到 1988 年 7 月 27 日出国，都一直没有还钱。此前张某虽然经常来看望胡某，但也对钱的事只字未提。胡某在国外两年与张某也有过联系，但都没有说钱的事。1990 年 8 月，胡某回国。1990 年 10 月，张某因买房急需用钱，找到胡某，胡某当即表示，全部钱款月底还清，并在原来的字据上对此作了注明。11 月 5 日，当张某再次来找胡某要钱时，胡某却称，他的一个律师朋友说他们之间的债务已超过两年的诉讼时效，可以不用还了。张某气愤至极，第二天就向法院提起了诉讼，要求胡某偿还 3 万元的本金和利息。

（1）胡某对张某债务的诉讼时效实际上是否已经届满？（4分）

（2）胡某在1990年10月在字据上对月底还钱作注明的行为有何种效力？（5分）

（3）张某能否通过诉讼要回胡某所欠的钱，为什么？（5分）

《民法总论》综合实训模拟参考答案

《民法总论》综合实训模拟一参考答案

一、单项选择题（每题2分）

1. A　2. A　3. B　4. C　5. C　6. A　7. D　8. D　9. C　10. C

二、判断题（每题2分）

1. ×　2. √　3. ×　4. ×　5. ×

三、多项选择题（每题3分）

1. BC　2. ABCD　3. BD　4. ACDE　5. BD

四、名词解释题

1. 公序指公共秩序，即国家、社会的存在和发展所必需的一般秩序，体现国家和社会的一般利益。良俗指善良风俗，即国家、社会的存在和发展所必需的一般道德，公序良俗原则，是指我们在民事活动中应该遵守国家、社会的存在和发展所必需的一般秩序和道德。（5分）

2. 指民事法律法规规范所规定的能够引起民事法律关系产生、变更或者消灭的客观情况。（5分）

3. 指民事主体将其发生一定民事法律后果的内在意图加以表达的行为。

五、简述题（12 分）

1. 答：民事法律关系是基于民事法律事实并由民事法律规范调整而形成的民事权利义务关系。（3 分）

民事法律关系的要素是指构成民事法律关系不可缺少的基本要件。它由主体要素、客体要素和内容要素三部分组成。（3 分）

2. 法人的终止，也称法人的消灭，是指法人资格的消灭，即法人丧失民事主体资格，不再具有民事权利能力和民事行为能力的状态。（3 分）

法人终止的原因主要包括：（1）依法被撤销；（2）自行解散；（3）依法宣告破产；（4）其他原因。（3 分）

六、案例分析题

1. （1）胡某 2010 年 10 月在字据上的注明是放弃时效利益的行为，自行为之时起发生诉讼时效重新计算的法律后果。依《民法通则》第一百三十五条规定："向人民法院请求保护民事权利的诉讼时效期间为二年，法律另有规定的除外。"根据该规定，民事权利一般在 2 年后法院不再予以保护，权利人将丧失胜诉权。本案中，张某请求胡某还款的诉讼时效期间应自于 2008 年 7 月 28 日起算，至 2010 年 7 月 28 日届满。但是，根据《民通意见》第一百七十一条，过了诉讼时效期间，义务人履行义务后，又以超过诉讼时效为由反悔的，不予支持。此处义务人履行义务不仅仅指义务人实际履行义务，也包括义务人对履行义务重新做出承诺。本案中，胡某 2010 年 10 月 6 日在字据上的注明即是一种重新承诺，其实质是债务人自愿放弃因诉讼时效期间经过而给他带来的利益，自行为时起诉讼时效期间重新计算。（7 分）

（2）可以得到法院的支持。因胡某放弃时效利益，诉讼时效期间重新计算，张某对胡某的诉讼时效期间应至 2012 年 10 月 6 日届满。（7 分）

2. （1）甲的行为是一种与第三人串通，损害被代理人利益的行为。乙委托甲将草药带到上海去卖，而甲却将草药卖于丙，这本身就违背了被代理人的意思；甲在出让草药的过程中，私下收受了丙给予的好处费，将草药以低价卖给丙，并相约共同欺骗乙，这就是相互串通，共同损害被代理人乙的利益。（7 分）

（2）我国《民法通则》第六十六条第三款规定："代理人和第三人串通，损害被代理人的利益的，由代理人和第三人负连带责任。"因此，本案中甲与第三人丙应对乙的损失承当连带赔偿责任。（7 分）

《民法总论》综合实训模拟二参考答案

一、单项选择题（每题2分）

1. C 2. C 3. C 4. C 5. D 6. A 7. D 8. C 9. D 10. B

二、判断题（每题2分）

1. √ 2. × 3. √ 4. × 5. ×

三、多项选择题（每题3分）

1. AB 2. ACD 3. ABC 4. AD 5. BC

四、名词解释题

1. 监护是对民事行为能力、限制民事行为能力人的人身、财产和其他合法权益依法实行的监督和保护。（5分）

2. 指时效期间开始以后完成之前，因法定事由的出现使已经进行的时效期间归于无效，时效期间重新开始计算的法律制度。（5分）

3. 人身权又称人身非财产权，是指民事主体依法享有的，与其人身不可分离而无直接财产内容的民事权利。（5分）

五、简述题

1. 效力未定的民事行为是指已经成立但效力处于不确定状态的民事行为。（3分）类型：欠缺民事行为能力的行为；无权处分的行为；无权代理的行为。（3分）

2. 行为人为他人利益，以他人名义实施行为，其行为后果直接归属于他人的法律制度。（3分）代理可分类为法定代理、委托代理和指定代理；本代理与复代理；单独代理与共同代理。（3分）

六、案例分析题

（1）张某与轻生女子之间存在无因管理之债。所谓无因管理之债，是指没有法定的或者约定的义务，为避免他人利益受损失，自愿管理他人事务或为他人提供服务的行为。张某与该女子之间没有法定和约定的义务，

张某为了挽救该女子生命而对其进行救助，应该认定张某与该女子之间存在无因管理之债的关系。（7分）

（2）该女子应当赔偿。根据上题的分析，张某与该女子之间形成无因管理关系。《民法通则意见》第一百三十二条规定："民法通则第九十三条规定的管理人或者服务人可以要求受益人偿付的必要费用，包括在管理或者服务活动中直接支出的费用，以及在该活动中受到的实际损失。"张某照相机的损坏以及治疗自己伤口的费用属于在活动中实际遭受的损失，可以要求被管理人赔偿。（7分）

（3）不能。无因管理人没有向被管理人请求支付报酬的权利，只得向被管理人请求返还或赔偿为执行无因管理而支出的必要费用，赔偿损失。（7分）

（4）不应。该女子衣服破损是自己行为造成的，张某作为无因管理人只对自己故意或重大过失造成的对方当事人的损失承担赔偿责任，该女子衣服破损并非由于张某的故意或者重大过失造成的，因此，张某无须承担赔偿责任。（7分）

《民法总论》综合实训模拟三参考答案

一、单项选择题（每题2分）

1. C　2. C　3. C　4. C　5. D　6. A　7. A　8. A　9. B　10. A

二、判断题（每题2分）

1. √　2. ×　3. √　4. ×　5. ×

三、多项选择题（每题3分）

1. AD　2. ABD　3. CD　4. ABCD　5. AD

四、名词解释题

1. 监护是对民事行为能力、限制民事行为能力人的人身、财产和其他合法权益依法实行的监督和保护。（5分）

2. 指时效期间开始以后完成之前，因法定事由的出现使已经进行的时效期间归于无效，时效期间重新开始计算的法律制度。（5分）

3. 人身权又称人身非财产权，是指民事主体依法享有的，与其人身不可分离而无直接财产内容的民事权利。（5分）

五、简述题

1. 必须是管理他人的事务（2分）；管理人须有为他人管理的意思（2分）；3. 无因管理行为无法律上的义务。（2分）

2. 行为人为他人利益，以他人名义实施行为，其行为后果直接归属于他人的法律制度。（3分）代理可分类为法定代理、委托代理和指定代理；本代理与复代理；单独代理与共同代理。（3分）

六、案例分析题

1. （1）效力未定。甲擅自以自己的名义将丙寄存的摩托车出售，是无权处分他人财产的行为，依据我国《合同法》的规定，该行为为效力未定的民事行为。（7分）

（2）可变更、可撤销。戊与甲之间的买卖行为是乘人之危的民事行为。乘人之危是行为人利用对方当事人的急迫需要或危难处境，迫使对方做出违背本意而接受对其非常不利的条件的意思表示。本案中，戊利用甲处于还款压力的困难处境，以极其不利于甲的价格将其祖传古玩买走，为乘人之危的民事行为。依据我国《合同法》的规定，乘人之危的民事行为为可撤销、可变更的民事行为，利益受损一方当事人可以请求变更或者撤销该行为。（7分）

2. （1）没有超过。（4分）

（2）按照《中华人民共和国民法通则》第一百三十六条第一项的规定："身体受到伤害要求赔偿的、诉讼时效期间是1年"。而本案中，原告贾某是在1990年6月5日受到伤害的，到1993年2月21日，时间已超过2年。（3分）

但是，原告贾某身体受到伤害请求诉讼保护的诉讼时效期间处于中断状态。在1990年6月5日贾某被撞伤后，被告苏某一直在履行其义务，诉讼时效期间处于中断状态。在1991年5月，被告苏某送来医疗费1500元的行为，即为《民法通则》第一百四十条所指的"义务人同意履行义务"的行为，自然使以前进行的诉讼时效归于无效，应自1991年5月开始重新计算。（2分）在1992年3月5日，原告贾某向被告苏某请求支付医疗费和其他费用的行为，属《民法通则》第一百四十条中所指的权利人提出要求的情况，又再次引起诉讼时效的中断。则从1992年3月5日，被告苏某

拒绝履行义务时止，诉讼时效开始重新计算。（2分）

按照《中华人民共和国民法通则》第一百三十六条第一项之规定，"身体受到伤害要求赔偿的、诉讼时效期间是1年"。其是从1992年3月5日至1993年3月5日。在此期间，如再无引起诉讼时效中断的法定事由发生，原告贾某将失去请求法院予以救济的权利。但是，在1993年2月21日，原告贾某提起诉讼引起了诉讼时效的再次中断。依此计算，原告贾某于1993年2月21日向某市郊区人民法院提起诉讼时，诉讼时效期间并未届满。故原告贾某提出诉讼请求并未超过诉讼时效，他仍有权向人民法院提起诉讼。（3分）

《民法总论》综合实训模拟四参考答案

一、单项选择题（每题2分）

1. A　2. A　3. C　4. C　5. C　6. D　7. B　8. D　9. B　10. C

二、判断题（每题2分）

1. ×　2. √　3. ×　4. ×　5. ×

三、多项选择题（每题3分）

1. ABCD　2. ABCD　3. ABC　4. ABC　5. ABC

四、名词解释题

1. 诚实信用是欺诈、胁迫、乘人之危、恶意通谋损害他人利益等不道德行为的对立物，将其从道德规范提升为法律规范并作为民法的基本原则。（5分）

2. 指民事法律法规规范所规定的能够引起民事法律关系产生、变更或者消灭的客观情况。（5分）

3. 指民事主体将其发生一定民事法律后果的内在意图加以外在表达的行为。（5分）

五、简述题

1. 民事法律关系是基于民事法律事实并由民事法律规范调整而形成的民事权利义务关系。（3分）

民事法律关系的要素是指构成民事法律关系不可缺少的基本要件。它由主体要素、客体要素和内容要素三部分组成。（3分）

2. （1）民事法律行为是民事主体实施的以发生一定民事法律后果为目的的行为；（2）民事法律行为是以意思表示为要素的行为；（3）民事法律行为是能发生行为人预期目的的合法行为。（6分）

六、案例分析题

（1）已经届满。《民法通则》第一百三十五条规定："向人民法院请求保护民事权利的诉讼时效期间为二年，法律另有规定的除外。"因此，如果权利人在2年内不行使民事权利，法院将不再予以保护，权利人也将丧失胜诉权。本题中李某于2000年10月借钱给王某，直到2003年12月30日才第一次向王某要钱，时间已经过了3年，李某债权的诉讼时效2年已经届满。（7分）

（2）李某对王某债权已经到期，但是根据《民法通则》第一百三十八条的规定，诉讼时效完成后，义务人自愿履行其义务的，权利人可受领其履行而不构成不当得利，所以王某仍然可以偿还借款。但是对于本题中王某已经同意履行，但是尚未履行的情形，当事人双方就原债务达成的还款协议，应当依法予以保护。所以本题中王某在字据上写下的"2004年1月30日前还清"的行为属于新的承诺，因此而形成的还款协议具有法律效力。（7分）

（3）综合上述，李某能够通过诉讼要回王某欠他的钱，因为王某重新做出了承诺，该新的还款协议受到法律的保护。（7分）

（4）能够得到法院的支持。因为此时李某和王某之间的借款合同属于未定清偿期的合同，债权人李某可以随时请求清偿。（7分）

《民法总论》综合实训模拟五参考答案

一、单项选择题（每题2分）

1. C 2. D 3. C 4. C 5. C 6. C 7. D 8. C 9. A 10. D

二、判断题（每题2分）

1. √ 2. × 3. √ 4. × 5. ×

三、多项选择题（每题3分）

1. ABC　2. ABCD　3. ABCD　4. ABC　5. AB

四、名词解释题

1. 指时效期间开始以后完成之前（1分），因法定事由的出现使已经进行的时效期间归于无效（2分），时效期间重新开始计算（2分）的法律制度。

2. 指两个以上民事主体互约出资、共同经营、共负盈亏的自愿联合（2分），是通过合伙合同（1分）建立的一种追求共同目的的共同法律关系（2分）。

3. 是指没有法定或约定义务的人，为了他人的利益免受损失而自愿为他人管理必要事务的行为。（5分）

五、简述题

1.（1）一方受有财产上的利益；（2）致他人受有损失；（3）受损人的损失与受益人的受益有因果关系；（4）无合法根据即无法律上的原因。（6分）

2. 行为人为他人利益，以他人名义实施行为，其行为后果直接归属于他人的法律制度。（3分）

代理可分类为法定代理、委托代理和指定代理；本代理与复代理；单独代理与共同代理。（3分）

六、案例分析题

1.（1）本案中司机的行为构成乘人之危。依据《民通意见》第七十条规定："一方当事人乘对方处于危难之机，为牟取不正当利益，迫使对方做出不真实的意思表示，严重损害对方利益的，可以认定为乘人之危。"本案中，被告乘原告分娩之际索要高额服务费，迫使原告于危难之际与其订立服务合同，其行为违背了原告的真实意志，牟取了非法不正当利益，该合同属于因乘人之危而订立的合同。（7分）

（2）依《合同法》第五十四条规定，因乘人之危所订立的合同属于可变更、可撤销的合同。对于可变更、可撤销的合同，当事人请求变更的，人民法院或仲裁机构不得撤销。本案中，王丽夫妇请求变更合同，返还多收的钱款，人民法院应予以支持。（7分）

2.（1）有效。企业法人的法定代表人超越权限与善意第三人签订的合同有效。《合同法》第五十条规定："法人或者其他组织的法定代表人、负责人超越权限订立的合同，除相对人知道或者应当知道其超越权限的以外，该代表行为有效。"本案中，公司规章虽然约定，购置公司财产超过10万元的，应当经三人同意，但是该内部约定对于善意第三人来说不具有约束力。为了善意第三人的利益，甲作为法定代表人，其超越权限与第三人订立的合同应为有效合同。由此可见，法定代表人的权限可以受到法人的章程或者法人相关机关决议的限制，该项限制不得对抗第三人，除非该第三人知道或者应当知道此限制。（7分）

（2）由德利搬家有限责任公司承担。法人对其工作人员以法人的名义从事经营活动给他人造成的损失，应承担民事责任。依照《民法通则》第四十三条和《民法通则意见》第一百五十八条的规定，企业法人的法定代表人和其他工作人员，以法人的名义从事经营活动，给他人造成经济损失的，企业法人应当承担民事责任。本案中，王某和李某是德利搬家有限责任公司的工作人员，其在执行职务中的行为应由其所在企业法人承担民事责任。

由此可见，企业法人具有民事责任能力，其承担民事责任的构成要件是：其一，须有加害他人的行为；其二，须因法人的代表人或其他工作人员的行为；其三，须因执行职务的行为所发生。（7分）

《民法总论》综合实训模拟六参考答案

一、单项选择题（每题2分）

1. A　2. A　3. B　4. C　5. C　6. D　7. B　8. B　9. B　10. C

二、判断题（每题2分）

1. ×　2. √　3. ×　4. ×　5. ×

三、多项选择题（每题3分）

1. BCD　2. BCD　3. ABCD　4. ABC　5. BCD

四、名词解释题（每题5分）

1. 无效民事行为，是指已经成立，但严重欠缺民事行为的有效要件，自始、绝对、确定、当然不按照行为人设立、变更和终止民事法律关系的意思表示发生法律效力的民事行为。

2. 表见代理，是指行为人没有代理权，但交易相对人有理由相信行为人有代理权的无权代理。

3. 时效，是指当事人对财产的占有或不行使权利的行为，经过一定的时间，发生当事人取得权利或权利效力减损法律效果的制度。

五、简述题

1. 民事法律关系是基于民事法律事实并由民事法律规范调整而形成的民事权利义务关系。（3分）

民事法律关系的要素是指构成民事法律关系不可缺少的基本要件。它由主体要素、客体要素和内容要素三部分组成。（3分）

2. （1）须行为人不具有代理权；（2）须有使相对人相信行为人具有代理权的事实和理由，这是成立表见代理的客观要件；（3）第三人善意且无过失，这是表见代理成立的主观要件，即第三人不知道行为人所为的行为系无权代理行为；（4）须行为人与相对人之间的民事行为具备民事法律行为成立的有效要件。（6分）

六、案例分析题

1. （1）李某购买名贵药材是受王某的委托才进行的，其行为应属民事代理。《民法通则》第六十三条第二款规定，代理人在代理权限内，以代理人的名义实施民事法律行为，被代理人对代理人的代理行为，承担民事责任。因此，本案中李某购买药材的行为后果应由王某承担。（7分）

（2）根据最高人民法院《关于贯彻执行〈中华人民共和国民法通则〉若干问题的意见（试行）》第八十二条的规定，当被代理人死亡后，代理人由于不知道被代理人死亡而为的民事法律行为仍然有效。也就是说，代理人因实施代理行为所取得的后果应由被代理人的继承人受领，由此所产生的债务作为被代理人的债务，以被代理人的遗产或者其继承人或受遗赠人来承担。本案中，王家理当出钱买下此药。（7分）

2. （1）《民法通则》第一百三十五条规定："向人民法院请求保护民事权利的诉讼时效期间为二年，法律另有规定的除外。"根据该规定，民事权利一般在两年后法院不再予以保护，权利人将丧失胜诉权。本案中，胡某于1987年12月向张某借的钱，直到1990年10月张某才第一次向胡某要钱，其间已过了近三年，胡某债务的诉讼时效实际上早已届满。因

此，当时胡某如果表示不愿偿还此款，张某将无法通过诉讼索回他的钱款。（5分）

（2）但是，根据最高人民法院《关于贯彻执行〈中华人民共和国民法通则〉若干问题的意见（试行）》第一百七十一条的规定，过了诉讼时效期间，义务人履行义务后，又以超过诉讼时效为由反悔的，不予支持。此处义务人履行义务不仅仅指义务人实际履行义务，也包括义务人对履行义务重新做出承诺。本案中，胡某1990年10月在字据上的注明即是一种重新承诺，不得反悔。（5分）

（3）张某要求法院判决胡某还款的请求可以得到法院的支持，但不是因为时效没有届满，而是因胡某已重新做出承诺。（4分）

第二章 《物权法学》综合实训模拟

《物权法学》综合实训模拟一

一、单选题（共60分，每题3分）

1. 甲于乙签订房屋买卖合同，将一幢房屋卖于乙。双方同时约定，一方违约应支付购房款35%的违约金。但在交房前甲又于丙签订合同，将该房卖于丙，并与丙办理了过户登记手续。下列说法中哪一种是正确的？（　　）

A. 乙可以自己与甲签订的合同在先，主张甲与丙签订的合同无效

B. 乙有权要求甲收回房屋，实际履行合同

C. 乙不能要求甲实际交付该房屋，但可要求甲承担违约责任

D. 丙不能取得房屋所有权

2. 甲将自己收藏的一幅名画卖给乙，乙当场付款，约定5天后取画。丙听说后，表示愿出比乙高的价格购买此画，甲当即决定卖给丙，约定第二天交货。乙得知此事，诱使甲8岁的儿子从家中取出此画给自己。该画在由乙占有期间，被丁盗走。此时该名画的所有权属于下列哪个人？（　　）

A. 甲　　　　　　　B. 乙　　　　　　　C. 丙　　　　　　　D. 丁

3. 下列哪一选项属于所有权的继受取得？（　　）

A. 甲通过遗嘱继承其兄房屋一间

B. 乙的3万元存款得利息1000元

C. 丙购来木材后制成椅子一把

D. 丁拾得他人搬家时丢弃的旧电扇一台

4. 甲、乙、丙依次比邻而居。甲为修房向乙提出在其院内堆放建材，乙不允。甲遂向丙提出在其院内堆放，丙要求甲付费 200 元，并提出不得超过 20 天，甲同意。修房过程中，甲搬运建材须从乙家门前经过，乙予以阻拦。对此，下列哪一种说法不正确？（　　）

A. 乙无权拒绝甲在其院内堆放建材

B. 乙无权阻拦甲经其门前搬运建材

C. 甲应依约定向丙支付占地费

D. 若建材堆放时间超过 20 天，丙有权要求甲清理现场

5. 甲、乙、丙共有一套房屋，其份额各为 1/3。为提高房屋的价值，甲主张对此房的地面铺上木地板，乙表示赞同，但丙反对。下列哪一个选项是正确的？（　　）

A. 因没有经过全体共有人的同意，甲乙不得铺木地板

B. 因甲乙的应有部分合计已过 2/3，故甲乙可以铺木地板

C. 甲乙只能在自己的应有部分上铺木地板

D. 若甲乙坚持铺木地板，则需先分割共有房屋

6. 甲公司与乙公司约定：为满足甲公司开发住宅小区观景的需要，甲公司向乙公司支付 100 万元，乙公司在 20 年内不在自己厂区建造 6 米以上的建筑。甲公司将全部房屋售出后不久，乙公司在自己的厂区建造了一栋 8 米高的厂房。下列哪一选项是正确的？（　　）

A. 小区业主有权请求乙公司拆除超过 6 米的建筑

B. 甲公司有权请求乙公司拆除超过 6 米的建筑

C. 甲公司和小区业主均有权请求乙公司拆除超过 6 米的建筑

D. 小区业主无权请求乙公司拆除超过 6 米的建筑，因为地役权未办理登记

7. 甲公司开发写字楼一幢，于 2008 年 5 月 5 日将其中一层卖给乙公司，约定半年后交房，乙公司于 2008 年 5 月 6 日申请办理了预告登记。2008 年 6 月 2 日甲公司因资金周转困难，在乙公司不知情的情况下，以该层楼向银行抵押借款并登记。现因甲公司不能清偿欠款，银行要求实现抵押权。下列哪一判断是正确的？（　　）

A. 抵押合同有效，抵押权设立

B. 抵押合同无效，但抵押权设立

C. 抵押合同有效，但抵押权不设立

D. 抵押合同无效，抵押权不设立

8. 陈某向贺某借款 20 万元，借期 2 年。张某为该借款合同提供保证

担保，担保条款约定，张某在陈某不能履行债务时承担保证责任，但未约定保证期间。陈某同时以自己的房屋提供抵押担保并办理了登记。如果贺某打算放弃对陈某的抵押权，并将这一情况通知了张某，张某表示反对，下列选项正确的是(　　)。

　　A. 贺某不得放弃抵押权，因为张某不同意

　　B. 若贺某放弃抵押权，张某仍应对全部债务承担保证责任

　　C. 若贺某放弃抵押权，则张某对全部债务免除保证责任

　　D. 若贺某放弃抵押权，则张某在贺某放弃权利的范围内免除保证责任

9. 甲将房屋一间作抵押向乙借款2万元。抵押期间，知情人丙向甲表示愿以3万元购买甲的房屋，甲也想将抵押的房屋出卖。对此，下列哪一表述是正确的？(　　)

　　A. 甲有权将该房屋出卖，但须事先告知抵押权人乙

　　B. 甲可以将该房屋出卖，不必征得抵押权人乙的同意

　　C. 甲可以将该房屋卖给丙，但应征得抵押权人乙的同意

　　D. 甲无权将该房屋出卖，因为房屋上已设置了抵押权

10. 个体工商户甲将其现有的以及将有的生产设备、原材料、半成品、产品一并抵押给乙银行，但未办理抵押登记。抵押期间，甲未经乙同意以合理价格将一台生产设备出卖给丙。后甲不能向乙履行到期债务。对此，下列哪一选项是正确的？(　　)

　　A. 该抵押权因抵押物不特定而不能成立

　　B. 该抵押权因未办理抵押登记而不能成立

　　C. 该抵押权虽已成立但不能对抗善意第三人

　　D. 乙有权对丙从甲处购买的生产设备行使抵押权

11. 根据《物权法》的规定，下列哪一类权利不能设定权利质权？(　　)

　　A. 专利权　　　　　　　　　　B. 应收账款债权

　　C. 可以转让的股权　　　　　　D. 房屋所有权

12. 下列表述不正确的是(　　)。

　　A. 所有权和抵押权可以同时存在于一物之上

　　B. 用益物权和抵押权可以同时存在于一物之上

　　C. 一间房屋上可以同时存在两个所有权

　　D. 一间房屋上可以同时存在两个抵押权

13. 甲购买乙的一辆二手车，但双方没有办理过户手续。甲付款购车后，驾驶该车到某汽车空调配件经销部丙处，购买汽车空调配件并安装。

安装好并付清款项后，甲驾车离开。途中，因空调泵线圈短路引起电源线起火造成火灾，该车被全部烧毁。经有关部门认定丙作为汽车空调提供者对火灾负有间接责任。下列说法中正确的是（　　）。

  A. 甲和乙之间的买卖合同未生效，因为双方没有办理车辆过户手续

  B. 甲取得该车的所有权，因为动产所有权转让自交付时发生效力

  C. 甲不能向丙请求损害赔偿，因为其不是该车的所有权人

  D. 甲不可以向丙请求损害赔偿，因为该车转让没有登记，不得对抗第三人

14. 赵某孤身一人，因外出打工，将一祖传古董交由邻居钱某保管。钱某因结婚用钱，情急之下谎称该古董为自己所有，卖给了古董收藏商孙某，得款 10000 元。孙某因资金周转需要，向李某借款 20000 元，双方约定将该古董押给李某，如孙某到期不回赎，古董归李某所有。下列说法中正确的是（　　）。

  A. 钱某与孙某之间的古董买卖合同无效

  B. 孙某取得该古董的所有权

  C. 李某对该古董的占有属于无权占有

  D. 赵某可以直接请求李某归还该古董

15. 甲乙（均为某村村民）订立借款合同一份，作如下约定：甲借给乙 10 万元，乙交付甲一件黄金饰品作担保，3 年后乙归还本金，甲归还该饰品，如乙无力还款，则该饰品归甲所有。对此，下列说法中正确的是：（　　）。

  A. 甲乙之间关于"如乙无力还款，则该饰品归甲所有"的约定无效

  B. 因甲乙之间关于"如乙无力还款，则该饰品归甲所有"的约定无效，故担保合同无效

  C. 因甲乙之间的担保合同无效，故其借款合同无效

  D. 担保合同的全部条款有效，故甲乙之间的借款合同有效

16. 下列物权中只能是动产物权的是（　　）。

  A. 所有权   B. 抵押权

  C. 留置权   D. 用益物权

17. 共有人对共有关系的性质发生争议无法查明到底是何种性质共有时，应按（　　）处理。

  A. 共同共有   B. 国家所有

  C. 个人所有   D. 按份共有

18. 使登记失去公信力的登记是（　　）。

A. 预告登记   B. 更正登记

C. 异议登记   D. 变更登记

19. 下列属于占有的是(　　)。

A. 大学生在教室里用书包占座位，大学生对座位

B. 李氏夫妇出去上班，保姆在家做家务，保姆对家中物品

C. 小偷潜入王某家中，偷走一颗钻石，小偷对钻石

D. 小王与朋友去 KTV 唱歌，小王等对麦克风、电视机

20. 甲将自己所有的一套书卖给乙，但甲还想留阅一段时间，遂又与乙达成协议，借阅该书一个月，乙表示应允。乙取得该套书的所有权的交付方法为(　　)。

A. 简易交付   B. 占有改定

C. 指示交付   D. 现实交付

二、多选题（共 15 分，每题 3 分）

1. 根据《物权法》规定，下列财产中可以作为抵押权的客体的是(　　)。

A. 在建房屋

B. 某大学的教学楼

C. 企业的生产设备、原材料

D. 法律、行政法规未禁止抵押的其他财产

2. 甲有一块价值 10000 元的玉石。甲与乙订立了买卖该玉石的合同，约定价金 11000 元。由于乙没有带钱，甲未将该玉石交付于乙，约定三日后乙到甲的住处付钱取玉石。随后甲又向乙提出，再借用玉石把玩几天，乙表示同意。下列选项正确的是？(　　)

A. 甲、乙的买卖合同生效时，乙直接取得该玉石的所有权

B. 甲、乙的借用约定生效时，乙取得该玉石的所有权

C. 由于甲未将玉石交付给乙，所以乙一直未取得该玉石的所有权

D. 甲通过占有改定的方式将玉石交付给了乙

3. 甲发现去年丢失的电动自行车被路人乙推行，便上前询问，乙称从朋友丙处购买，并出示了丙出具的付款收条。如甲想追回该自行车，可以提出下列哪些理由支持请求？(　　)

A. 甲丢失该自行车被丙拾得

B. 丙从甲处偷了该自行车

C. 乙明知道该自行车是丙从甲处偷来的仍然购买

D. 乙向丙支付的价格远远低于市场价

4. 王某与一房地产公司签订商品房预售合同，预购商品房一套，并向登记机关申请办理了预告登记。随后该房地产公司将王某选购的商品房以更高价格销售给不知情的张某，并与张某依法办理了房屋所有权证书。下列说法中正确的是（　　　）。

A. 王某不能取得该房屋的所有权，因为房地产公司已经与张某依法办理了房屋所有权证书

B. 王某不能取得该房屋的所有权，只能追究开发商的违约责任

C. 王某可以取得该房屋的所有权，因为房屋进行了预告登记

D. 房地产公司未经王某同意进行房屋出卖的行为，不发生所有权变动的效力

5. 甲对乙负有 50 万元的债务，甲所提供的下列担保方式中哪些是合法有效的？（　　　）

A. 甲将自己的一幢价值 50 万元的房屋不转移占有质押给乙

B. 甲将自己的一幢价值 50 万元的房屋抵押给乙

C. 甲的朋友丙将自己的一幢价值 50 万元的房屋抵押给乙担保甲债务的履行

D. 甲乙约定若甲到时不能清偿债务，则甲的房屋归乙所有

三、论述题（共 10 分，每题 10 分）

论述物权法定原则的内容。

四、案例题（共 15 分，每题 15 分）

甲有一手表，委托乙保管，乙擅自将手表以市场价卖与不知情的丙，丙又赠于女友丁，丁戴上 3 天后在街头被戊偷走，戊后又遗失于街头，被申捡到。申将该手表交给当地派出所。派出所发布了招领公告，但 6 个月

后，该手表仍无人认领。于是派出所即依照有关规定将手表交给代售店拍卖。该手表后来被 A 以拍卖价买下。

本题中谁最终享有手表的所有权？为什么？该如何保护其他利害关系人的合法权益？

《物权法学》综合实训模拟二

一、单选题（共60分，每题3分）

1. 甲有祖传珍贵玉器一件，乙丙均欲购买之。甲先与乙达成协议，以5万元价格出售之，双方约定，次日交货付款。丙知晓后，当晚即携款至甲处，欲以6万元价格购买之。甲欣然应允，并即交货付款。对此，下列表述中，正确的是（　　）。

A. 甲与丙之买卖合同无效　　　　　　B. 甲与乙之买卖合同无效

C. 乙得请求丙交付该玉器　　　　　　D. 乙得请求甲承担违约责任

2. 甲、乙、丙、丁共有一轮船，甲占该船70%份额。现甲欲将该船作抵押向某银行贷款500万元。已知各共有人事先对此未作约定，则下列说法中正确的是（　　）。

A. 甲将共有轮船抵押应经过乙、丙的同意

B. 甲将共有轮船抵押须乙或丙两者中的一个同意

C. 甲将共有轮船抵押无须经任何人同意

D. 甲将共有轮船抵押属于无权处分

3. 甲将其父去世时留下的毕业纪念册赠于其父之母校，赠予合同中约定该纪念册只能用于收藏和陈列，不得转让。但该大学在接受乙的捐款时，将该纪念册馈赠给乙。下列哪一选项是正确的？（　　）

A. 该大学对乙的赠予无效，乙不能取得纪念册的所有权

B. 该大学对乙的赠予无效，但乙已取得纪念册的所有权

C. 只有经甲同意后，乙才能取得纪念册的所有权

D. 该大学对乙的赠予有效，乙已取得纪念册的所有权

4. 甲继承了一套房屋，在办理产权登记前将房屋出卖并交付给乙，办理产权登记后又将该房屋出卖给丙并办理了所有权移转登记。在办理继承登记前，关于甲对房屋的权利状态，下列选项错误的是（　　）。

A. 甲已经取得了该房屋的所有权

B. 甲对该房屋的所有权不能对抗善意第三人

C. 甲出卖该房屋未经登记不发生物权效力

D. 甲可以出租该房屋

5. 甲继承了一套房屋，在办理产权登记前将房屋出卖并交付给乙，办

理产权登记后又将该房屋出卖给丙并办理了所有权移转登记。关于甲、乙、丙三方的关系，下列选项正确的是(　　)。

　　A. 甲与乙之间的房屋买卖合同因未办理登记而无效

　　B. 乙对房屋的占有是非法占有

　　C. 乙可以诉请法院宣告甲与丙之间的房屋买卖合同无效

　　D. 丙已取得该房屋的所有权

　　6. 中州公司依法取得某块土地建设用地使用权并办理报建审批手续后，开始了房屋建设并已经完成了外装修。对此，下列哪一选项是正确的？(　　)

　　A. 中州公司因为享有建设用地使用权而取得了房屋所有权

　　B. 中州公司因为事实行为而取得了房屋所有权

　　C. 中州公司因为法律行为而取得了房屋所有权

　　D. 中州公司尚未进行房屋登记，因此未取得房屋所有权

　　7. 甲有一块价值 10000 元的玉石。甲与乙订立了买卖该玉石的合同，约定价金 11000 元。由于乙没有带钱，甲未将该玉石交付于乙，约定三日后乙到甲的住处付钱取玉石。随后甲又向乙提出，再借用玉石把玩几天，乙表示同意。隔天，知情的丙找到甲，提出愿以 12000 元购买该玉石，甲同意并当场将玉石交给丙。丙在回家路上遇到债主丁，向丙催要 9000 元欠款甚急，丙无奈，将玉石交付于丁抵偿债务。关于丙、丁对该玉石所有权的取得问题，下列说法正确的是？(　　)

　　A. 甲将玉石交付给丙时，丙取得该玉石的所有权

　　B. 甲、丙的买卖合同成立时，丙取得该玉石的所有权

　　C. 丙将玉石交给丁时，丁取得该玉石的所有权

　　D. 丁不能取得该玉石的所有权

　　8. 杜某上班途中拾得一个皮包，内装提货单、现金等财物。杜某在现场等候了一会儿，未见失主，就携包上班。次日，杜某见到报纸上登了一则启事，写明"如有拾得者，酬谢 2000 元"。杜某见失主所寻找的正是自己拾得的皮包，便将皮包返还给失主。杜某应当享有哪些权利、负有哪些义务？(　　)

　　A. 无偿归还拾得物，因为我国法律未规定拾得人有获得报酬的权利

　　B. 无偿归还拾得物，有权要求失主偿还因此而支出的费用，但无权获得报酬

　　C. 归还拾得物，有权要求失主给予拾得人所要求的报酬

　　D. 归还拾得物，有权要求失主支付 2000 元的酬金

9. 根据《物权法》的规定，下列哪一类权利不能设定权利质权？（ ）

A. 专利权　　　　　　　　　　　B. 应收账款债权

C. 可以转让的股权　　　　　　　D. 房屋所有权

10. 甲公司向乙银行贷款 1000 万元，约定 2005 年 12 月 2 日一次性还本付息。丙公司以自己的一栋房屋作抵押。甲到期没有清偿债务，乙银行每个月都向其催收，均无效果，最后一次催收的时间是 2007 年 3 月 6 日。乙银行在下列哪一时间前行使抵押权，才能得到法院的保护？（ ）

A. 2007 年 12 月 2 日　　　　　　B. 2009 年 12 月 2 日

C. 2009 年 3 月 6 日　　　　　　D. 2011 年 3 月 6 日

11. 2005 年 10 月 5 日，甲向乙借款 1000 元，同时签订一份质押合同，约定甲于同年 10 月 8 日将一头受孕的母牛作为质物交付给乙，甲如期交付。稍后，母牛生下小牛一头。下列哪一种表述是正确的？（ ）

A. 质权生效时间为 2005 年 10 月 5 日

B. 质押合同生效时间为 2005 年 10 月 8 日

C. 小牛应归乙所有

D. 小牛应归甲所有，但可以作为质权标的

12. 下列表述不正确的是（ ）。

A. 所有权和抵押权可以同时存在于一物之上

B. 用益物权和抵押权可以同时存在于一物之上

C. 一间房屋上可以同时存在两个所有权

D. 一间房屋上可以同时存在两个抵押权

13. 王某因长期出国工作，将所藏的一幅名人字画交给好友李某保管。李某将该字画挂在自己的家中欣赏，来访的客人也都以为这幅字画是李某的。后李某生病，需要钱动手术，李某四处筹钱未果，遂将该字画以 5 万元的价格卖给并不知情的张某。王某回国后，发现自己的字画在张某家中，便向张某索要。对本案的认识，下列说法不正确的是（ ）。

A. 该幅字画应归张某所有

B. 李某应赔偿王某的损失

C. 该幅字画应归王某所有

D. 如张某并非善意，则王某可以收回字画

14. 甲家的承包地被乙家的承包地所包围，在承包时，有一条小路通往甲家的承包地，甲为了拓宽道路，与乙签订了一份协议，拓宽道路一丈，甲一次性支付乙 5000 元。甲通过该合同所取得的权利为（ ）。

A. 土地使用权   B. 相邻权

C. 地上权   D. 地役权

15. 不能作为物权客体的是（   ）。

A. 煤气   B. 行为   C. 权利   D. 电视

16. 下列哪些财产非专属于国家所有（   ）。

A. 矿产资源   B. 水流

C. 森林   D. 城市土地

17. 甲向乙借款 20 万作生意，由丙提供价值 15 万的房屋作抵押，并订立了书面抵押合同。因办理登记手续费过高，经乙同意未办理登记手续。甲另外以自己的一辆价值 6 万元的"夏利"车质押给乙，双方订立了质押合同。乙认为车放在自己家附近不安全，决定仍放在甲处。1 年后，甲因亏损无力还债，乙要求行使抵押权和质押权。对本案的判断，下列各项正确的是（   ）。

A. 抵押权与质押权均无效

B. 抵押权与质押权均有效

C. 抵押权有效，质押权无效

D. 抵押权无效，质押权有效

18. 《物权法》第 25 条规定："动产物权设立和转让前，权利人已经依法占有该动产的，物权自法律行为生效时发生效力。"该法条规定的是哪种动产交付的方式？（   ）

A. 简易交付   B. 占有改定

C. 指示交付   D. 现实交付

19. 根据《物权法》规定，下列财产中不可以作为抵押权的客体的是（   ）。

A. 在建房屋

B. 某大学的教学楼

C. 企业的生产设备、原材料

D. 法律、行政法规未禁止抵押的其他财产

20. 使登记失去公信力的登记是（   ）。

A. 预告登记   B. 更正登记

C. 异议登记   D. 变更登记

二、多选题（共 15 分，每题 3 分）

1. 甲、乙、丙、丁分别购买了某住宅楼（共四层）的一至四层住宅，

并各自办理了房产证。下列哪些说法是正确的?( )

A. 甲、乙、丙、丁有权分享该住宅楼的外墙广告收入

B. 一层住户甲对三、四层间楼板不享有民事权利

C. 若甲出卖其住宅,乙、丙、丁享有优先购买权

D. 如四层住户丁欲在楼顶建一花圃,须得到甲、乙、丙同意

2. 以家庭方式承包的土地承包经营权可以以哪些方式流转?( )

A. 转包　　　　　　　　　　B. 互换

C. 转让　　　　　　　　　　D. 抵押

3. 甲为了能在自己的房子里欣赏远处的风景,便与相邻的乙约定:乙不在自己的土地上建设高层建筑;作为补偿,甲每年支付给乙4000元。两年后,乙将该土地使用权转让给丙。丙在该土地上建了一座高楼,与甲发生了纠纷。对此纠纷,下列判断哪些是错误的?( )

A. 甲对乙的土地不享有地役权

B. 甲有权不让丙建高楼,但得每年支付其4000元

C. 丙有权建高楼

D. 甲与乙之间的合同因没有办理登记而无效

4. 下列关于物权设定生效时间的说法中,错误的是( )。

A. 甲卖给乙两间房屋,乙自该房屋变更登记时起取得该房屋所有权

B. 甲以自己的两间房屋为抵押物向乙借款,乙自该房屋进行抵押登记时起取得该抵押权

C. 甲继承其父母作为遗产的两间房屋,自该房屋变更登记时起取得该房屋所有权

D. 甲自建两间房,自该房屋变更登记时起取得该房屋所有权

5. 王某与一房地产公司签订商品房预售合同,预购商品房一套,并向登记机关申请办理了预告登记。随后该房地产公司将王某选购的商品房以更高价格销售给不知情的张某,并与张某依法办理了房屋所有权证书。下列说法中正确的是( )。

A. 王某不能取得该房屋的所有权,因为房地产公司已经与张某依法办理了房屋所有权证书

B. 王某不能取得该房屋的所有权,只能追究开发商的违约责任

C. 王某可以取得该房屋的所有权,因为房屋进行了预告登记

D. 房地产公司未经王某同意进行房屋出卖的行为,不发生所有权变动的效力

三、论述题（10分）

论述一物一权原则。

四、案例题（15分）

甲、乙、丙等王氏宗亲兴建祠堂，为维护祖产和观瞻，约定出售祠堂两侧房屋时，其他宗亲有优先购买权，其效力如何？设甲违反此项约定径将其所有房屋出售于第三人，并办理登记时，其法律关系如何？

《物权法学》综合实训模拟三

一、单选题（共60分，每题3分）

1. 下列物权中只能是动产物权的是（　　）。

A. 所有权　　　　　　　　　　　B. 抵押权

C. 留置权　　　　　　　　　　　D. 用益物权

2. 甲购买乙的一辆二手车，但双方没有办理过户手续。甲付款购车后，驾驶该车到某汽车空调配件经销部丙处，购买汽车空调配件并安装。安装好并付清款项后，甲驾车离开。途中，因空调泵线圈短路引起电源线起火造成火灾，该车被全部烧毁。经有关部门认定丙作为汽车空调提供者对火灾负有间接责任。下列说法中正确的是（　　）。

A. 甲和乙之间的买卖合同未生效，因为双方没有办理车辆过户手续

B. 甲取得该车的所有权，因为动产所有权转让自交付时发生效力

C. 甲不能向丙请求损害赔偿，因为其不是该车的所有权人

D. 甲不可以向丙请求损害赔偿，因为该车转让没有登记，不得对抗第三人

3. 甲出差前将家中一台彩电交邻居乙保管，在出差期间，乙将彩电卖给丙，丙认为彩电为乙所有，便以合理价格购得，对此（　　）。

A. 甲不得向丙请求返还彩电

B. 甲可要求丙返还彩电

C. 甲可要求乙与丙共同承担赔偿责任

D. 甲可要求丙赔偿损失

4. 甲、乙、丙、丁共有一轮船，甲占该船70%份额。现甲欲将该船作抵押向某银行贷款500万元。已知各共有人事先对此未作约定，则下列说法中正确的是（　　）。

A. 甲将共有轮船抵押应经过乙、丙的同意

B. 甲将共有轮船抵押须乙或丙两者中的一个同意

C. 甲将共有轮船抵押无须经任何人同意

D. 甲将共有轮船抵押属于无权处分

5. 下列各项属于财产所有权的原始取得的是（　　）。

A. 叔叔送给今年刚满7岁的小明一辆自行车作为生日礼物

B. 小张继承哥哥的一处房子

C. 小陈的 50000 元存款共得利息 1000 元

D. 10 岁的小高把爸爸给买的铅笔刀送给小朋友

6. 共有人对共有关系的性质发生争议无法查明到底是何种性质共有时，应按（　　）处理。

    A. 共同共有　　　　　　　　　　B. 国家所有

    C. 个人所有　　　　　　　　　　D. 按份共有

7. 甲乙（均为某村村民）订立借款合同一份，作如下约定：甲借给乙 10 万元，乙交付甲一件黄金饰品作担保，3 年后乙归还本金，甲归还该饰品，如乙无力还款，则该饰品归甲所有。对此，下列说法中正确的是（　　）。

    A. 甲乙之间关于"如乙无力还款，则该饰品归甲所有"的约定无效

    B. 因甲乙之间关于"如乙无力还款，则该饰品归甲所有"的约定无效，故担保合同无效

    C. 因甲乙之间的担保合同无效，故其借款合同无效

    D. 担保合同的全部条款有效，故甲乙之间的借款合同有效

8. 权利质权的标的可以是（　　）。

    A. 债券、汇票、存款单

    B. 支票、存单、名誉权

    C. 商标权、仓单、荣誉权

    D. 汇票、提单、继承权

9. 使登记失去公信力的登记是（　　）。

    A. 预告登记　　　　　　　　　　B. 更正登记

    C. 异议登记　　　　　　　　　　D. 变更登记

10. 甲将自己所有的一套书卖给乙，但甲还想留阅一段时间，遂又与乙达成协议，借阅该书一个月，乙表示应允。乙取得该套书的所有权的交付方法为（　　）。

    A. 简易交付　　　　　　　　　　B. 占有改定

    C. 指示交付　　　　　　　　　　D. 现实交付

11. 甲居于某城市，因业务需要，以其坐落在市中心的一处公寓（价值 210 万元）作抵押，分别从乙银行和丙银行各贷款 100 万元。甲与乙银行于 6 月 5 日签订了抵押合同，6 月 10 日办理了抵押登记；与丙银行于 6 月 8 日签订了抵押合同，同日办理了抵押登记。后甲无力还款，乙银行、丙银行行使抵押权，对甲的公寓依法拍卖，只得价款 150 万元，乙银行、

丙银行对拍卖款应如何分配?(   )

    A. 乙 75 万元,丙 75 万元

    B. 乙 100 万元,丙 50 万元

    C. 丙 100 万元,乙 50 万元

    D. 丙 80 万元,乙 70 万元

12. 个体工商户甲将其现有的以及将有的生产设备、原材料、半成品、产品一并抵押给乙银行,但未办理抵押登记。抵押期间,甲未经乙同意以合理价格将一台生产设备出卖给丙。后甲不能向乙履行到期债务。对此,下列哪一选项是正确的?(   )

    A. 该抵押权因抵押物不特定而不能成立

    B. 该抵押权因未办理抵押登记而不能成立

    C. 该抵押权虽已成立但不能对抗善意第三人

    D. 乙有权对丙从甲处购买的生产设备行使抵押权

13. 甲在盖房挖地基时,发现一个瓦罐,内有 100 个银锭及一块棉布,上面写着“为防日寇搜查,特埋此。乙,1938 年 7 月 5 日。”乙为丙的爷爷,1938 年 7 月 8 日被日寇杀害。该 100 个银锭的所有权归属,下列说法正确的是(   )。

    A. 应归甲所有,因为是他发现的,适用先占原则

    B. 应归丙所有

    C. 应由甲与丙平分

    D. 属无主财产,应上缴国家

14. 下列选项中取得所有权是基于物权变动的公示公信原则的有(   )。

    A. 甲在垃圾堆拾取他人抛弃的旧物

    B. 甲从市场上以正常价格买到一件赃物

    C. 甲从乙处买得一台电脑

    D. 甲误将乙的房子登记为自己的房子,后甲将此房转让给丙,甲丙之间办理房屋过户手续,丙取得该房所有权

15. 甲家的承包地被乙家的承包地所包围,在承包时,有一条小路通往甲家的承包地,甲为了拓宽道路,与乙签订了一份协议,拓宽道路一丈,甲一次性支付乙 5000 元。甲通过该合同所取得的权利为(   )。

    A. 土地使用权   B. 相邻权

    C. 地上权   D. 地役权

16. 对于区分所有人的建筑物,下列说法中正确的是(   )。

A. 区分所有人对整个建筑物享有共同所有权

B. 区分所有人得就共有部分请求分割

C. 区分所有人得就共有部分的权利可单独转让

D. 共有部分的修缮费用及其他分担，由各区分所有人按其专有部分所占比例分担

17. 根据《物权法》规定，下列财产中不可以作为抵押权的客体的是(　　)。

A. 在建房屋

B. 某大学的教学楼

C. 企业的生产设备、原材料

D. 法律、行政法规未禁止抵押的其他财产

18. 甲在乙处修理电视机，因为钱不够，就将自己的手表放在乙处，说第二天拿钱来，就把电视机取走。乙取得手表的占有是依据(　　)。

A. 留置权　　　　　　　　　　B. 抵押权

C. 质权　　　　　　　　　　　D. 债权

19. 下列属于占有的是(　　)。

A. 大学生在教室里用书包占座位，大学生对座位

B. 李氏夫妇出去上班，保姆在家做家务，保姆对家中物品

C. 小偷潜入王某家中，偷走一颗钻石，小偷对钻石

D. 小王与朋友去 KTV 唱歌，小王等对麦克风、电视机

20. 甲公司向乙银行贷款 1000 万元，约定 2005 年 12 月 2 日一次性还本付息。丙公司以自己的一栋房屋作抵押。甲到期没有清偿债务，乙银行每个月都向其催收，均无效果，最后一次催收的时间是 2007 年 3 月 6 日。乙银行在下列哪一时间前行使抵押权，才能得到法院的保护？(　　)

A. 2007 年 12 月 2 日　　　　　B. 2009 年 12 月 2 日

C. 2009 年 3 月 6 日　　　　　　D. 2011 年 3 月 6 日

二、多选题（共 15 分，每题 3 分）

1. 李甲购买了一套临河三层高档别墅，为了能够保证欣赏到远处的风景，与相邻土地的使用权人张乙约定：张乙保证该块土地上不会修建高于三层的建筑，作为补偿，李甲每年向张乙支付 5000 元。双方签订了书面协议，李甲如约给付了当年的款项。半年后，张乙因工作调动，将自有房屋和该块土地使用权出售给王丙，因怕影响出售价格，故并未告知其与李甲的协议。王丙随后在该块土地上建造了一幢七层大楼，不仅完全遮挡了李

甲眺望河滨的角度，甚至妨碍了李甲房屋的正常采光。李甲要求王丙给予补偿，请问李甲的以下主张，哪些是不能得到支持的？（　　）

A. 李甲对该块土地享有地役权

B. 根据李甲与张乙设定的地役权，该块土地上不能修建高于三层的建筑，该地役权设定在先，王丙的所有权也要受其限制

C. 根据地役权的内容，王丙影响李甲的"眺望风景权"，应当予以补偿

D. 根据相邻关系的原则，王丙影响李甲房屋正常采光应当予以补偿

2. 甲的一只羊走失，被乙拾得赶回家中，饲养半月后被甲发现。下列说法中正确的是（　　）。

A. 甲有权请求乙返还走失的羊

B. 乙若返还该羊，有权要求甲给付其饲养羊实际支出的费用

C. 乙可以向甲主张报酬

D. 甲若拒绝给付乙饲养羊实际支出的费用，乙可以留置该羊

3. 甲对乙负有 50 万元的债务，甲所提供的下列担保方式中哪些是合法有效的？（　　）

A. 甲将自己的一幢价值 50 万元的房屋不转移占有质押给乙

B. 甲将自己的一幢价值 50 万元的房屋抵押给乙

C. 甲的朋友丙将自己的一幢价值 50 万元的房屋抵押给乙担保甲债务的履行

D. 甲乙约定若甲到时不能清偿债务，则甲的房屋归乙所有

4. 甲因出国留学，将一古玩委托好友乙保管。在此期间，乙一直将该古玩摆放在自己家中欣赏，来他家的人也以为该古玩是乙的，后来乙因急需钱，便将该古玩以 5 万元的价格卖给丙。甲回国后，发现自己的古玩在丙家中，询问情况后，向法院起诉。下列有关该案中相关法律关系的描述哪些是正确的？（　　）

A. 乙与丙之间的买卖合同属于无效合同

B. 乙与丙之间的买卖合同属于有效合同

C. 甲对该古玩享有所有权

D. 丙对该古玩享有所有权

5. 关于地役权与相邻关系的区别，下列说法中正确的是（　　）。

A. 相邻关系不是一个独立的物权；地役权是独立的用益物权

B. 相邻关系的产生基于法律的规定；地役权是通过当事人缔结合同而产生

C. 相邻关系是所有人或使用人的财产权利的延伸；地役权的内容依当事人自由设定

D. 相邻关系的权利的取得是无偿的；地役权合同是有偿的

三、论述题（10 分）

论述物权的优先效力。

四、案例题（15 分）

A 房地产公司（下称 A 公司）与 B 建筑公司（下称 B 公司）达成一项协议，由 B 公司为 A 公司承建一栋商品房。合同约定，标的总额 6000 万元，8 个月交工，任何一方违约，按合同总标的额 20% 支付违约金。合同签订后，为筹集工程建设资金，A 公司用其建设用地使用权作抵押向甲银行贷款 3000 万元，乙公司为此笔贷款承担保证责任，但对保证方式未作约定。

B 公司未经 A 公司同意，将部分施工任务交给丙建筑公司施工，该公司由张、李、王三人合伙出资组成。施工中，工人刘某不慎掉落手中的砖头，将路过工地的行人陈某砸成重伤，花去医药费 5000 元。

A 公司在施工开始后即进行商品房预售。丁某购买了 1 号楼 101 号房屋，预交了 5 万元房款，约定该笔款项作为定金。但不久，A 公司又与汪某签订了一份合同，将上述房屋卖给了汪某，并在房屋竣工后将该房的产权证办理给了汪某。汪某不知该房已经卖给丁某的事实。

汪某入住后，全家人出现皮肤瘙痒、流泪、头晕目眩等不适。经检测，发现室内甲醛等化学指标严重超标，但购房合同中未对化学指标作明确约定。

因 A 公司不能偿还甲银行贷款，甲银行欲对 A 公司开发的商品房行使抵押权。

（1）若甲银行行使抵押权，其权利标的是什么？甲银行如何实现自己的抵押权？

（2）丁某在得知房屋卖给汪某后，向法院提起诉讼，要求 A 公司履行合同交付房屋，其主张应否得到支持？为什么？

《物权法学》综合实训模拟四

一、单选题（共60分，每题3分）

1. 下列属于无权占有的是（   ）。
A. 承租人对承租房屋的占有
B. 留置权人对留置物的占有
C. 拾得人对于遗失物的占有
D. 质权人对于质物的占有

2. 下列选项中取得所有权是基于物权变动的公示公信原则的有（   ）。
A. 甲在垃圾堆拾取他人抛弃的旧物
B. 甲从市场上以正常价格买到一件赃物
C. 甲从乙处买得一台电脑
D. 甲误将乙的房子登记为自己的房子，后甲将此房转让给丙，甲丙之间办理房屋过户手续，丙取得该房所有权

3. 甲在乙处修理电视机，因为钱不够，就将自己的手表放在乙处，说第二天拿钱来，就把电视机取走。乙取得手表的占有是依据（   ）。
A. 留置权　　　B. 抵押权　　　C. 质权　　　D. 债权

4. 王某因长期出国工作，将所藏的一幅名人字画交给好友李某保管。李某将该字画挂在自己的家中欣赏，来访的客人也都以为这幅字画是李某的。后李某生病，需要钱动手术，李某四处筹钱未果，遂将该字画以5万元的价格卖给并不知情的张某。王某回国后，发现自己的字画在张某家中，便向张某索要。对本案的认识，下列说法不正确的是（   ）。
A. 该幅字画应归张某所有
B. 李某应赔偿王某的损失
C. 该幅字画应归王某所有
D. 如张某并非善意，则王某可以收回字画所有权

5. 甲家的承包地被乙家的承包地所包围，在承包时，有一条小路通往甲家的承包地，甲为了拓宽道路，与乙签订了一份协议，拓宽道路一丈，甲一次性支付乙5000元。甲通过该合同所取得的权利为（   ）。
A. 土地使用权　　B. 相邻权　　　C. 地上权　　　D. 地役权

6. 5月10日，甲以自有房屋1套为债权人乙设定抵押并办理抵押登记。6月10日，甲又以该房屋为债权人丙设定抵押，但一直拒绝办理抵押

登记。9月10日，甲擅自将该房屋转让给丁并办理了过户登记。下列哪种说法是错误的？（　　）

　　A. 乙可对该房屋行使抵押权

　　B. 甲与丙之间的抵押合同已生效

　　C. 甲与丁之间转让房屋的合同无效

　　D. 丙可以要求甲赔偿自己所遭受的损失

　　7. 不能作为物权客体的是（　　）。

　　A. 煤气　　　　　B. 行为　　　　　C. 权利　　　　　D. 电视

　　8. 下列哪些财产非专属于国家所有（　　）。

　　A. 矿产资源　　　B. 水流　　　　　C. 森林　　　　D. 城市土地

　　9. 甲向乙借款20万作生意，由丙提供价值15万的房屋作抵押，并订立了书面抵押合同。因办理登记手续费用过高，经乙同意未办理登记手续。甲另外以自己的一辆价值6万元的"夏利"车质押给乙，双方订立了质押合同。乙认为车放在自己家附近不安全，决定仍放在甲处。1年后，甲因亏损无力还债，乙要求行使抵押权和质押权。对本案的判断，下列各项正确的是（　　）。

　　A. 抵押权与质押权均无效

　　B. 抵押权与质押权均有效

　　C. 抵押权有效，质押权无效

　　D. 抵押权无效，质押权有效

　　10.《物权法》第二十五条规定："动产物权设立和转让前，权利人已经依法占有该动产的，物权自法律行为生效时发生效力。"该法条规定的是哪种动产交付的方式？（　　）

　　A. 简易交付　　　B. 占有改定　　　C. 指示交付　　D. 现实交付

　　11. 对于区分所有人的建筑物，下列说法中正确的是（　　）。

　　A. 区分所有人对整个建筑物享有共同所有权

　　B. 区分所有人得就共有部分请求分割

　　C. 区分所有人得就共有部分的权利可单独转让

　　D. 共有部分的修缮费用及其他分担，由各区分所有人按其专有部分所占比例分担

　　12. 根据《物权法》规定，下列财产中不可以作为抵押权的客体的是（　　）。

　　A. 在建房屋

　　B. 某大学的教学楼

C. 企业的生产设备、原材料

D. 法律、行政法规未禁止抵押的其他财产

13. 2006 年 8 月 10 日，甲将自有的一辆小车卖给乙，双方签订合同，约定价款 15 万分期支付，同时约定，必须按约给付货款，如有延误，甲有权扣留、处置车辆。合同签订后，乙按约交付 5 万元，甲将车辆交给乙。双方办理了车辆的过户登记。此后，约定于 10 月 10 日、11 月 10 日给付的两笔 5 万元价款，乙一直未给付，甲索要未果。12 月 8 日，乙将该车卖给了丙。则下列说法中正确的是(　　　)。

A. 甲乙之间签订了所有权保留买卖合同

B. 乙在付清全部价款前未取得该车的所有权

C. 乙将该车卖给丙属于无权处分

D. 丙可以取得该车的所有权

14. 甲、乙、丙、丁共有一轮船，甲占该船 70% 份额。现甲欲将该船作抵押向某银行贷款 500 万元。已知各共有人事先对此未作约定，则下列说法中正确的是(　　　)。

A. 甲将共有轮船抵押应经过乙、丙的同意

B. 甲将共有轮船抵押须乙或丙两者中的一个同意

C. 甲将共有轮船抵押无须经任何人同意

D. 甲将共有轮船抵押属于无权处分

15. 下列各项属于财产所有权的原始取得的是(　　　)。

A. 叔叔送给今年刚满 7 岁的小明一辆自行车作为生日礼物

B. 小张继承哥哥的一处房子

C. 小陈的 50000 元存款共得利息 1000 元

D. 10 岁的小高把爸爸给买的铅笔刀送给小朋友

16. 共有人对共有关系的性质发生争议无法查明到底是何种性质共有时，应按(　　　)处理。

A. 共同共有　　　B. 国家所有　　　C. 个人所有　　D. 按份共有

17. 下列属于占有的是(　　　)。

A. 大学生在教室里用书包占座位，大学生对座位

B. 李氏夫妇出去上班，保姆在家做家务，保姆对家中物品

C. 小偷潜入王某家中，偷走一颗钻石，小偷对钻石

D. 小王与朋友去 KTV 唱歌，小王等对麦克风、电视机

18. 甲公司向乙银行贷款 1000 万元，约定 2005 年 12 月 2 日一次性还本付息。丙公司以自己的一栋房屋作抵押。甲到期没有清偿债务，乙银行

每个月都向其催收，均无效果，最后一次催收的时间是 2007 年 3 月 6 日。乙银行在下列哪一时间前行使抵押权，才能得到法院的保护？（   ）

    A. 2007 年 12 月 2 日   B. 2009 年 12 月 2 日

    C. 2009 年 3 月 6 日   D. 2011 年 3 月 6 日

19. 下列哪些权利不可以作为权利质权的标的？（   ）

    A. 汇票、本票、支票、债券、存款单、仓单、提单

    B. 依法可以转让的基金份额、股权

    C. 商标专用权、专利权、著作权中的财产权

    D. 建设用地使用权

20. 使登记失去公信力的登记是（   ）。

    A. 预告登记   B. 更正登记   C. 异议登记 D. 变更登记

二、多选题（共 15 分，每题 3 分）

1. 甲向乙借款，将自己所有的奥迪车出质于乙，乙又擅自将该车转质于丙，丙因违章驾驶该车造成该车灭失，为此引起纠纷。下列表述正确的有（   ）。

    A. 乙无权将该车转质

    B. 乙有权将该车转质

    C. 对该车的损失应由乙承担

    D. 对该车的损失应由乙丙负连带责任

2. 属于建筑物区分所有权人共有的有（   ）。

    A. 车位   B. 会所

    C. 物业管理用房   D 小区绿地

3. 下列关于物权设定生效时间的说法中，错误的是（   ）。

    A. 甲卖给乙两间房屋，乙自该房屋变更登记时起取得该房屋所有权

    B. 甲以自己的两间房屋为抵押物向乙借款，乙自该房屋进行抵押登记时起取得该抵押权

    C. 甲继承其父母作为遗产的两间房屋，自该房屋变更登记时起取得该房屋所有权

    D. 甲自建两间房，自该房屋变更登记时起取得该房屋所有权

4. 王某与一房地产公司签订商品房预售合同，预购商品房一套，并向登记机关申请办理了预告登记。随后该房地产公司将王某选购的商品房以更高价格销售给不知情的张某，并与张某依法办理了房屋所有权证书。下列说法中正确的是（   ）。

A. 王某不能取得该房屋的所有权，因为房地产公司已经与张某依法办理了房屋所有权证书

B. 王某不能取得该房屋的所有权，只能追究开发商的违约责任

C. 王某可以取得该房屋的所有权，因为房屋进行了预告登记

D. 房地产公司未经王某同意进行房屋出卖的行为，不发生所有权变动的效力

5. 2002 年，某国有商业银行 A 支行与 B 公司签订一个合同，双方约定，B 公司以一幢价值 2000 万的楼房为其从 A 支行借款提供抵押担保，自 2002 年 1 月 2 日至 2004 年 1 月 1 日期间，发生的借款都以该楼房抵押。签订合同后，双方办理了抵押登记。此后，约定期间内，B 公司 3 次向 A 支行借款 1500 万。2005 年，A 支行与某资产管理公司签订债权转让协议，将上述借款合同债权与担保权利转让给 C 公司，并向 B 公司发出债权转让通知和担保权利转让通知。下列说法中正确的是（　　）。

A. A 支行与 B 公司签订了最高额抵押合同

B. 支行转让债权及抵押权的行为有效

C. 支行转让债权及抵押权的行为无效

D. B 有权拒绝在担保权利转让通知上签字

三、论述题（10 分）

论述物权变动区分原则。

四、案例题 (15 分)

甲将一栋房屋先卖于乙,并交付了房屋。后房价上涨,甲以高价将该房卖于丙,并办理过户登记。请回答下列问题,并说明理由。

(1) 丙有无权利向乙主张交付房屋?

(2) 乙有无权利主张甲和丙之间的房屋买卖合同无效?

(3) 乙应如何保护自己的权利?

《物权法学》综合实训模拟五

一、单选题（共60分，每题3分）

1. 下列表述不正确的有( )。
   A. 物权是绝对权
   B. 物权是对世权
   C. 物权是对人权
   D. 物权是支配权

2. 在下列选项中，属于自物权的是( )。
   A. 抵押权
   B. 质权
   C. 地役权
   D. 所有权

3. 下列物权中只能是动产物权的是( )。
   A. 所有权
   B. 抵押权
   C. 留置权
   D. 用益物权

4. 下列财产中不得抵押的财产是( )。
   A. 国有土地使用权
   B. 个人享有的房屋产权
   C. 企业所有的汽车
   D. 个人承包的耕地使用权

5. 法院采取财产保全措施扣押当事人的财产，其对扣押财产的占有是( )。
   A. 善意占有
   B. 非法占有
   C. 合法占有
   D. 恶意占有

6. 下列属于所有权的传来取得方式的是( )。
   A. 赠予
   B. 先占
   C. 添附
   D. 没收

7. 甲和乙共有两间平房，因拆迁，双方发生争议，甲主张该房是按份共有财产，乙主张是共同共有财产，但双方都没有证据证明共有性质，法院应当认定该房为( )。
   A. 按份共有
   B. 收归国有
   C. 甲个人所有
   D. 共同共有

8. 下列各项属于财产所有权的原始取得的是( )。
   A. 叔叔送给今年刚满7岁的小明一辆自行车作为生日礼物
   B. 小张继承哥哥的一处房子
   C. 小陈的50000元存款共得利息1000元
   D. 10岁的小高把爸爸给买的铅笔刀送给小朋友

9. 中州公司依法取得某块土地建设用地使用权并办理报建审批手续后，开始了房屋建设并已经完成了外装修。对此，下列哪一选项是正确

的？（　　　）

    A. 中州公司因为享有建设用地使用权而取得了房屋所有权

    B. 中州公司因为事实行为而取得了房屋所有权

    C. 中州公司因为法律行为而取得了房屋所有权

    D. 中州公司尚未进行房屋登记，因此未取得房屋所有权

  10. 杜某上班途中拾得一个皮包，内装提货单、现金等财物。杜某在现场等候了一会儿，未见失主，就携包上班。次日，杜某见到报纸上登了一则启事，写明"如有拾得者，酬谢 2000 元"。杜某见失主所寻找的正是自己拾得的皮包，便将皮包返还给失主。杜某应当享有哪些权利，负有哪些义务？（　　　）

    A. 无偿归还拾得物，因为我国法律未规定拾得人有获得报酬的权利

    B. 无偿归还拾得物，有权要求失主偿还因此而支出的费用，但无权获得报酬

    C. 归还拾得物，有权要求失主给予拾得人所要求的报酬

    D. 归还拾得物，有权要求失主支付 2000 元的酬金

  11. 我国物权法明确规定的用益物权是（　　　）。

    A. 典权   B. 地上权

    C. 相邻权   D. 土地承包经营权

  12. 有关留置权，下列表述正确的是（　　　）。

    A. 承运人为取得运费对承运的扶贫物资可行使留置权

    B. 保管人为取得保管费对保管的救灾物资可行使留置权

    C. 加工人为取得加工费对加工物可行使留置权

    D. 财产的侵占人因对该财产支付了修理费，所有人未支付修理费的情况下，侵占人可行使留置权

  13. 根据《物权法》的规定，下列哪一类权利不能设定权利质权？（　　　）

    A. 专利权   B. 应收账款债权

    C. 可以转让的股权   D. 房屋所有权

  14. 下列表述不正确的是（　　　）。

    A. 所有权和抵押权可以同时存在于一物之上

    B. 用益物权和抵押权可以同时存在于一物之上

    C. 一间房屋上可以同时存在两个所有权

    D. 一间房屋上可以同时存在两个抵押权

  15. 甲与乙签订房屋买卖合同，将一幢房屋卖与乙。双方同时约定，

一方违约应支付购房款 35% 的违约金。但在交房前甲又与丙签订合同，将该房卖于丙，并与丙办理了过户登记手续。下列说法中哪些是正确的？（　　）

　　A. 乙可以自己与甲签订的合同在先，主张甲与丙签订的合同无效

　　B. 乙有权要求甲收回房屋，实际履行合同

　　C. 乙不能要求甲实际交付该房屋，但可要求甲承担违约责任

　　D. 丙不能取得房屋所有权

16. 甲乙（均为某村村民）订立借款合同一份，作如下约定：甲借给乙 10 万元，乙交付甲一件黄金饰品作担保，3 年后乙归还本金，甲归还该饰品，如乙无力还款，则该饰品归甲所有。对此，下列说法中正确的是（　　）。

　　A. 甲乙之间关于"如乙无力还款，则该饰品归甲所有"的约定无效

　　B. 因甲乙之间关于"如乙无力还款，则该饰品归甲所有"的约定无效，故担保合同无效

　　C. 因甲乙之间的担保合同无效，故其借款合同无效

　　D. 担保合同的全部条款有效，故甲乙之间的借款合同有效

17. 甲将自己所有的一套书卖给乙，但甲还想留阅一段时间，遂又与乙达成协议，借阅该书一个月，乙表示应允。乙取得该套书的所有权的交付方法为（　　）。

　　A. 简易交付　　B. 占有改定　　C. 指示交付　D. 现实交付

18. 使登记失去公信力的登记是（　　）。

　　A. 预告登记　　　　　　　　B. 更正登记

　　C. 异议登记　　　　　　　　D. 变更登记

19. 农民甲因其邻居乙越界建房侵入自己的宅基地而诉请法院保护，乙的行为侵犯了甲的何种权利？（　　）

　　A. 相邻权　　　　　　　　　B. 住宅所有权

　　C. 宅基地使用权　　　　　　D. 宅基地所有权

20. 甲有祖传珍贵玉器一件，乙丙均欲购买之。甲先与乙达成协议，以 5 万元价格出售之，双方约定，次日交货付款。丙知晓后，当晚即携款至甲处，欲以 6 万元价格购买之。甲欣然应允，并即交货付款。对此，下列表述中，正确的是（　　）。

　　A. 甲与丙之买卖合同无效　　　B. 甲与乙之买卖合同无效

　　C. 乙得请求丙交付该玉器　　　D. 乙得请求甲承担违约责任

二、多选题（共 15 分，每题 3 分）

1. 物权法所称物权，是指权利人依法对特定的物享有的直接支配和排他的权利，包括（　　）。

   A. 所有权　　　　　B. 用益物权　　　C. 担保物权　　D. 债权

2. 下列各选项中，哪些属于民法上的孳息？（　　）

   A. 出租柜台所得租金　　　　　　　B. 果树上已成熟的果实

   C. 动物腹中的胎儿　　　　　　　　D. 彩票中奖所得奖金

3. 下列财产可作为私人财产所有权客体的有（　　）。

   A. 房屋　　　　　B. 交通工具　　　C. 土地　　　　D. 合法的储蓄

4. 关于地役权与相邻关系的区别，下列说法中正确的是（　　）。

   A. 相邻关系不是一个独立的物权；地役权是独立的用益物权

   B. 相邻关系的产生基于法律的规定；地役权是通过当事人缔结合同而产生

   C. 相邻关系是所有权的限制或延伸；地役权的内容依当事人自由设定

   D. 相邻关系的权利的取得是无偿的；地役权合同是有偿的

5. 甲向乙借款，以自己所有的专利权设定质押。对此，下列说法正确的有（　　）。

   A. 甲与乙之间的质押合同自成立时起生效

   B. 甲与乙之间的质押合同自办理登记之日起生效

   C. 设定质押后，甲仍然可以许可他人使用该专利

   D. 设定质押后，甲不得再许可他人使用该专利

三、论述题（10 分）

论述物权的排他效力。

四、案例题（15分）

王某于 2007 年 10 月用积攒下来的 2 万元购买了一台高级摄像机。2008 年 5 月，王某将摄像机以 1 万元价格卖给李某，李某当即将 1 万元交给王某，并约定第二天交货。但后来，王某又觉卖价偏低，又以 1.5 万元将其卖给朋友司某，并当场将摄像机交给司某，约定第二天交款。

请问：该摄像机应归谁所有？请阐明理由。

《物权法学》综合实训模拟六

一、单选题（共60分，每题3分）

1. 下列民事权利中，不属于物权的是（　　）。
   A. 土地承包经营权　　　　　B. 抵押权
   C. 版权　　　　　　　　　　D. 所有权

2. 甲将自己所有的一台电脑卖给乙，但甲还想留用一段时间，遂又与乙达成协议，借用该电脑半个月，乙表示应允。乙取得该电脑所有权的交付方法为（　　）。
   A. 简易交付　　B. 占有改定　　C. 指示交付　　D. 现实交付

3. 下列属于所有权的传来取得方式的是（　　）。
   A. 添附　　　　　B. 先占　　　　C. 赠予　　　　D. 没收

4. 下列哪一选项属于所有权的继受取得？（　　）
   A. 甲通过遗嘱继承其兄房屋一间
   B. 乙的3万元存款得利息1000元
   C. 丙购来木材后制成椅子一把
   D. 丁拾得他人搬家时丢弃的旧电扇一台

5. 共有人对共有关系的性质发生争议无法查明到底是何种性质共有时，应按（　　）处理。
   A. 共同共有　　　B. 国家所有　　　C. 个人所有　　D. 按份共有

6. 甲、乙、丙、丁共有一轮船，甲占该船70%份额。现甲欲将该船作抵押向某银行贷款500万元。已知各共有人事先对此未作约定，则下列说法中正确的是（　　）。
   A. 甲将共有轮船抵押应经过乙、丙的同意
   B. 甲将共有轮船抵押须乙或丙两者中的一个同意
   C. 甲将共有轮船抵押无须经任何人同意
   D. 甲将共有轮船抵押属于无权处分

7. 建设用地使用权取得的方式有两种，它们是（　　）。
   A. 出让方式和赠予方式　　　　B. 转让方式和赠予方式
   C. 赠予方式和划拨方式　　　　D. 划拨方式和出让方式

8. 下列权利中不属于用益物权的是（　　）。

A. 土地承包经营权　　　　　　B. 抵押权

C. 建设用地使用权　　　　　　D. 地役权

9. 债务人或者第三人有权处分的下列财产中可以抵押的是(　　)。

A. 生产设备、原材料、半成品、产品

B. 土地所有权

C. 依法被查封、扣押、监管的财产

D. 学校、幼儿园、医院等以公益为目的的事业单位、社会团体的教育设施、医疗卫生设施和其他社会公益设施

10. 甲出资 15 万元，分别从乙、丙等处购买材料，并雇用丁建筑公司，盖成了一栋楼房，经登记取得房屋产权证。甲取得该房屋所有权的方式是哪种？(　　)

A. 原始取得　　B. 继受取得　　C. 加工　　D. 附合

11. 甲有祖传珍贵玉器一件，乙丙均欲购买之。甲先与乙达成协议，以 5 万元价格出售之，双方约定，次日交货付款。丙知晓后，当晚即携款至甲处，欲以 6 万元价格购买之。甲欣然应允，并即交货付款。对此，下列表述中，正确的是(　　)。

A. 甲与丙之买卖合同无效　　　　B. 甲与乙之买卖合同无效

C. 乙得请求丙交付该玉器　　　　D. 乙得请求甲承担违约责任

12. 我国物权法明确规定的用益物权是(　　)。

A. 典权　　　　B. 地上权　　　　C. 相邻权　　　　D. 地役权

13. 王某在吃饭时丢失瑞士名表罗西尼一块，餐厅人员拾得后交给公安部门。王某未在规定期限内前去认领，公安部门按照有关规定交寄售商店出售。孙某从该商店买得该手表，将手表送给女友林某作生日礼物。手表在林某第二天乘公交车时被偷去，小偷下车后即以 100 元的低价卖给郑某。该手表的所有权属于(　　)。

A. 王某　　　　B. 孙某　　　　C. 林某　　　　D. 郑某

14. 养牛专业户王某的一头奶牛得了重病，王某恐怕此牛得的是传染病，传染了别的牛会造成更大的损失，于是将此牛拉到野外抛弃。刘某经过时发现了，将牛拉回家中，经过刘某的精心喂养，此牛病愈并成为一头高产奶牛。半年后，王某听说此事，向刘某索要此牛。依照法律，王某(　　)。

A. 有权请求刘某返还此牛，因为刘某拾得牛并据为己有，构成不当得利

B. 有权请求刘某返还此牛，但应补偿刘某喂养此牛所支出的费用及劳

务费

C. 无权请求刘某返还此牛，因为他的抛弃行为已使其所有权消灭，刘某基于先占而取得牛的所有权

D. 无权请求刘某返还此牛，但可以请求刘某给予适当补偿

15. 根据《物权法》的规定，下列哪一类权利不能设定权利质权？（　　）

A. 专利权　　　　　　　　　　B. 应收账款债权

C. 可以转让的股权　　　　　　D. 房屋所有权

16. 下列表述不正确的是（　　）。

A. 所有权和抵押权可以同时存在于一物之上

B. 用益物权和抵押权可以同时存在于一物之上

C. 一间房屋上可以同时存在两个所有权

D. 一间房屋上可以同时存在两个抵押权

17. 2005 年 10 月 5 日，甲向乙借款 1000 元，同时签订一份质押合同，约定甲于同年 10 月 8 日将一头受孕的母牛作为质物交付给乙，甲如期交付。稍后，母牛生下小牛一头。下列哪些表述是正确的？（　　）

A. 质权生效时间为 2005 年 10 月 5 日

B. 质押合同生效时间为 2005 年 10 月 8 日

C. 小牛应归乙所有

D. 小牛应归甲所有，但可以作为质权标的

18. 甲家的承包地被乙家的承包地所包围，在承包时，有一条小路通往甲家的承包地，甲为了拓宽道路，与乙签订了一份协议，拓宽道路一丈，甲一次性支付乙 5000 元。甲通过该合同所取得的权利为（　　）。

A. 土地使用权　B. 相邻权　　　C. 地上权　　D. 地役权

19. 不能作为物权客体的是（　　）。

A. 煤气　　　　B. 行为　　　　C. 权利　　　　D. 电视

20. 使登记失去公信力的登记是（　　）。

A. 预告登记　　B. 更正登记　　C. 异议登记　　D. 变更登记

二、多选题（共 15 分，每题 3 分）

1. 下列各选项中，哪些属于民法上的孳息？（　　）

A. 彩票中奖所得奖金　　　　　B. 果树上已成熟的果实

C. 动物腹中的胎儿　　　　　　D. 出租柜台所得租金

2. 下列财产可作为私人财产所有权客体的有（　　）。

A. 合法的储蓄 　B. 交通工具 　　C. 土地 　　　　D. 房屋

3. 关于地役权下列哪些表述是正确的？（　　　　）

A. 地役权是为特定人设定的

B. 地役权是为需役地设定的

C. 地役权是用益物权

D. 地役权是法定的权利

4. 下列关于物权设定生效时间的说法中，错误的是（　　　　）。

A. 甲卖给乙两间房屋，乙自该房屋变更登记时起取得该房屋所有权

B. 甲以自己的两间房屋为抵押物向乙借款，乙自该房屋进行抵押登记时起取得该抵押权

C. 甲继承其父母作为遗产的两间房屋，自该房屋变更登记时起取得该房屋所有权

D. 甲自建两间房，自该房屋变更登记时起取得该房屋所有权

5. 甲对乙负有 50 万元的债务，甲所提供的下列担保方式中哪些是合法有效的？（　　　　）

A. 甲将自己的一幢价值 50 万元的房屋不转移占有质押给乙

B. 甲将自己的一幢价值 50 万元的房屋抵押给乙

C. 甲的朋友丙将自己的一幢价值 50 万元的房屋抵押给乙担保甲债务的履行

D. 甲乙约定若甲到时不能清偿债务，则甲的房屋归乙所有

三、论述题（10 分）

论述物权的优先效力。

四、案例题（15 分）

王某在外地有祖屋三间，一直出租，但因祖屋距离王某的家较远，收取租金比较困难，为此又惹了许多不愉快。于是，王某决定将该祖屋卖掉，遂委托一位祖屋所在地的朋友张某卖房，卖给李某，价款为 5 万元，但尚未办理房屋过户登记手续，王某因病死亡。王某之子王小并不知其父卖房之事，从其父处继承遗产，其中包括该 5 万元房款和该三间祖屋，并依继承权办理了产权过户手续。后李某入住该房并要求王小为其办理过户手续，王小拒绝。李某诉至法院。

请问：李某的请求能否予以支持？请阐明理由。

《物权法学》综合实训模拟参考答案

《物权法学》综合实训模拟一参考答案

一、单选题（共60分，每题3分）

1. C　2. A　3. A　4. A　5. B　6. A　7. C　8. D　9. C　10. C　11. D
12. C　13. B　14. B　15. A　16. C　17. D　18. C　19. C　20. B

二、多选题（共15分，每题3分）

1. ACD　2. BD　3. ABCD　4. CD　5. BC

三、论述题（10分）

（1）物权类型强制：物权的种类非经法律规定，当事人不得创设。(5分)
（2）物权类型固定：物权的内容非经法律规定，当事人不得创设。(5分)

四、案例题（15分）

A取得所有权。丙先善意取得手表所有权，丁后通过赠予从丙处取得手表所有权，遗失物6个月无人认领归国家所有，A通过拍卖从国家手里取得所有权。(7分)

甲可以向乙主张违约责任或侵权赔偿。丁可以向戊主张侵权赔偿。(8分)

《物权法学》综合实训模拟二参考答案

一、单选题（共60分，每题3分）

1. D　2. C　3. D　4. B　5. D　6. B　7. C　8. D　9. D　10. C　11. D

12. C 13. C 14. D 15. B 16. C 17. A 18. A 19. B 20. C

二、多选题（共15分，每题3分）

1. ABD 2. ABC 3. ABD 4. CD 5. CD

三、论述题（10分）

一个物上只能成立一个所有权，一个所有权的客体仅为一个物。（4分）

（1）一个物上只能成立一个所有权（2分）

（2）一个物的部分不能成立独立的所有权（2分）

（3）集合物原则上不能成立所有权（2分）

四、案例题（15分）

（1）优先购买权因为违反物权法定原则不具有物权效力，但有债权效力。（8分）

（2）第三人取得房屋所有权，其他宗亲只能向甲主张违约责任。（7分）

《物权法学》综合实训模拟三参考答案

一、单选题（共60分，每题3分）

1. C 2. B 3. A 4. C 5. C 6. D 7. A 8. A 9. C 10. B 11. C

12. C 13. B 14. D 15. D 16. D 17. B 18. C 19. C 20. C

二、多选题（共15分，每题3分）

1. BC 2. ABD 3. BC 4. BD 5. ABC

三、论述题（10分）

同一标的物上有数个利益相互冲突的权利并存时，具有较强效力的权利排斥或先于具有较弱效力的权利的实现。（3分）

（1）物权相互之间的优先效力，"时间在先，权利在先"，例外是他物权优先于所有权。（4分）

（2）物权优先于债权。（3分）

四、案例题（15分）

（1）甲银行的抵押权标的为土地使用权，不包括商品房。物权法规定建设用地使用权抵押后，该土地上新增的建筑物不属于抵押财产。甲银行实现抵押权时可以将商品房一并处分，但不能就商品房所得价款优先受偿。（8分）

（2）不能得到支持，因为汪某已经取得商品房的所有权，不动产以登记作为物权变动的依据。（7分）

《物权法学》综合实训模拟四参考答案

一、单选题（共60分，每题3分）

1. C　2. D　3. C　4. C　5. D　6. C　7. B　8. C　9. A　10. A　11. D　12. B　13. D　14. C　15. C　16. D　17. C　18. C　19. D　20. C

二、多选题（共15分，每题3分）

1. BD　2. CD　3. CD　4. CD　5. AB

三、论述题（10分）

在发生物权变动时，物权变动的原因与物权变动的结果作为两个法律事实，它们成立和生效依据不同的法律根据的原则。（4分）

（1）所要区分的是物权变动的原因行为与结果行为。（2分）

（2）物权变动的原因行为不以物权的变动为必要要件。（2分）

（3）物权的变动以公示为基本特征。（2分）

四、案例题（15分）

（1）丙有权向乙主张交付房屋，因为丙经过登记取得了房屋的所有权，乙未登记，享有的仅仅是债权，而物权的效力优先于债权的效力。（5分）

（2）乙无权主张甲丙间买卖合同无效。因为债权具有相容性，针对同一标的物可以成立数个债权。（5分）

（3）乙可以向甲主张违约责任。因为根据物权变动区分原则，物权未变动的不影响原因行为的效力。虽然乙未取得所有权，但买卖合同从成立时起生效，甲不履行合同乙可主张违约责任。（5分）

《物权法学》综合实训模拟五参考答案

一、单选题（共60分，每题3分）

1. C 2. D 3. C 4. D 5. C 6. A 7. A 8. C 9. B 10. D 11. D 12. C 13. D 14. C 15. C 16. A 17. B 18. C 19. C 20. D

二、多选题（共15分，每题3分）

1. ABC 2. AD 3. ABD 4. ABC 5. AD

三、论述题（10分）

指在同一物上不得成立两个所有权或成立两个内容上相互矛盾的物权。（5分）

并不否定在同一物上并存数个内容并不矛盾的物权。（5分）

四、案例题（15分）

本案主要涉及物权相对于债权的优先效力问题。在本案中，当事人王某与李某、王某与司某所订立的买卖合同均系双方真实意思表示，因此，两个买卖合同都是有效的。（5分）所不同的是，李某交付了价款，但尚未取得该摄像机的所有权，司某虽未交付货款，但已取得该摄像机的所有权。按照物权法规定，动产财产所有权从财产交付时起转移。因此，摄像机所有权的转移只能以交付为标准来确定，即摄像机的所有权应归司某所有。（5分）这样，司某对摄像机拥有了物权，而李某依照与王某签订的合同对摄像机享有给付请求权，即债权。根据物权的优先效力原理，尽管李某的买卖合同成立在先，司某的买卖合同成立在后，但因司某的物权能够优先于李某的债权行使，所以本案中摄像机应归司某所有，李某只能依债权要求王某承担违约责任。（5分）

《物权法学》综合实训模拟六参考答案

一、单选题（共60分，每题3分）

1. C 2. B 3. C 4. A 5. D 6. C 7. D 8. B 9. A 10. A 11. D

12. D　13. C　14. C　15. D　16. C　17. D　18. D　19. B　20. C

二、多选题（共15分，每题3分）

1. AD　2. ABD　3. BC　4. CD　5. BC

三、论述题（10分）

同一标的物上有数个利益相互冲突的权利并存时，具有较强效力的权利排斥或先于具有较弱效力的权利的实现。（3分）

（1）物权相互之间的优先效力，"时间在先，权利在先"，例外是他物权优先于所有权。（4分）

（2）物权优先于债权。（3分）

四、案例题（15分）

李某的请求能够得到支持。

本案中，认定争议房屋的所有权涉及物权变动的公示原则。物权的公示原则是物权变动所应遵循的一项原则。在物权发生变动，如物权设立、变更或消灭时，必须以一定的方式使公众知晓，否则不能发生物权变动的效果。（5分）

本案中，当事人争议的不动产，其所有权转移需要登记。李某购买王小父亲的三间房屋，虽然已经支付了房款，但由于没有办理过户登记手续，因而李某没有取得房屋的所有权。但是这并不影响买卖合同的效力，李某与王小父亲的房屋买卖合同依然有效，而且协助买受方办理过户手续是出卖方的义务，王某此义务未履行而死亡，则该项义务构成被继承人的一项消极财产，应由王小概括性地继承。因此，李某有权要求王小继续履行合同，为其办理房屋过户登记手续，从而取得房屋产权。（10分）

第三章 《侵权责任法学》综合实训模拟

《侵权责任法学》综合实训模拟一

一、判断题（每题1分，共10分）

1. 在公共道路上堆放、倾倒、遗撒妨碍通行的物品造成他人损害的，有关单位和个人必须承担侵权责任。　　　　　　　　　（　　）

2. 无过错不是追究从事高危作业人承担侵权责任的理由。（　　）

3. 劳务派遣期间，被派遣的工作人员因执行工作任务造成他人损害的，由劳务派遣单位承担侵权责任。　　　　　　　　　（　　）

4. 无民事行为能力人、限制民事行为能力人造成他人损害的，由监护人承担侵权责任。　　　　　　　　　　　　　　　　（　　）

5. 共同侵权可视情况，不承担连带责任。　　　　　　（　　）

6. 以买卖等方式转让拼装或者已达到报废标准的机动车，发生交通事故造成损害的，由转让人承担侵权责任。　　　　　　（　　）

7. 高空抛物的规范规定的作用是为了更好地预防损害，制止人们高空抛物。　　　　　　　　　　　　　　　　　　　　　（　　）

8. 侵害他人财产的，财产损失按照损失发生时的市场价格或者其他方式计算。　　　　　　　　　　　　　　　　　　　　（　　）

9. 遗弃、逃逸的动物在遗弃、逃逸期间造成他人损害的，原动物饲养人或管理人不承担责任。　　　　　　　　　　　　　（　　）

10. 网络服务提供者知道网络用户利用其网络服务侵害他人民事权益，未采取必要措施的，网络服务提供者应承担主要责任，网络用户应承担次要责任。　　　　　　　　　　　　　　　　　　　　　（　　）

二、单项选择题（每题1分，共10分）

1. 根据侵权责任法规定，无民事行为能力人在教育机构受到人身损害的，教育机构应该承担责任，但能证明尽到教育、管理职责的，不承担责任。这条规定的是(　　)。

　　A. 严格责任原则　　　　　　　　B. 公平责任原则

　　C. 无过错原则　　　　　　　　　D. 过错推定原则

2. 侵权责任法规定完全民事行为能力人对自己的行为暂时没有意识或失去控制，造成他人损害的，应当承担侵权责任。下列不应该承担的情形是(　　)。

　　A. 梦游　　　B. 滥用麻醉药　　C. 醉酒　　　D. 服用精神药品

3. 教唆、帮助他人实施侵权行为的，教唆人、帮助人应承担(　　)。

　　A. 相应责任　　　B. 部分责任　　　C. 补充责任　　　D. 连带责任

4. 侵权人因同一行为应当承担行政责任或者刑事责任的，不影响依法承担侵权责任。这说明侵权责任的(　　)。

　　A. 独立性　　　B. 无形性　　　　C. 专有性　　　D. 法律确认性

5. 药品不合格导致患者损害时，患者可以向谁索赔？(　　)

　　A. 只能向药品生产厂家索赔　　　B. 只能向药品运输厂家索赔

　　C. 只能向医疗机构索赔　　　　　D. 可以向生产者、医疗机构索赔

6. 甲（成年人）对乙（8岁）说："你敢砸丙家的玻璃吗？"乙闻言就砸烂了丙家的玻璃，并砸中了屋内的电视机。对于丙的损失，应当由谁承担？(　　)

　　A. 乙是行为人，根据过错责任原则，应当由乙承担

　　B. 甲教唆乙砸他人的财物，应当由甲承担

　　C. 乙是无民事行为能力人，应当由乙的监护人承担

　　D. 主要由甲承担，乙的监护人也应当承担相应的责任

7. 用人单位的工作人员因执行工作任务造成他人损害的，由用人单位承担侵权责任。下列不应由单位承担的侵权责任是(　　)。

　　A. 证券公司的工作人员为客户买卖股票造成客户的损失

　　B. 搬家公司职员违反操作规定，搬动物品时，造成第三人的侵害的

　　C. 某单位职工在上班期间，与同事争吵并把其打伤

　　D. 某售后服务公司工作人员在服务后返程中，造成他人损害的

8. 甲因与乙有仇，将乙家猪圈闸门拉开，致使关在猪圈中的猪逃离猪圈，并将行人丙撞伤，为此引起纠纷。对于丙的损失，下列表述不正确的

是( )。

A. 丙可要求乙赔偿   B. 丙可要求甲赔偿

C. 丙可要求甲乙负连带责任   D. 乙赔偿后，可向甲追偿

9. 共同侵权的构成要件不包括( )。

A. 分别实施

B. 造成同一损害

C. 每个侵权行为都足以造成全部侵害

D. 造成两个损害

10. 受害人和行为人对损害的发生都没有过错的( )。

A. 受害人自行承担责任

B. 行为人承担责任

C. 可以根据实际情况，由双方分担损失

D. 由受害人和行为人平均承担责任

三、不定项选择题（每题 2 分，共 20 分）

1. 某广告公司在李某出差时，在李某的房屋的外墙上刷写了一条妇女卫生巾广告。李某一个月后回来，受到他人耻笑，遂与广告公司交涉，请问该案应如何处理？( )

A. 广告公司应恢复李某房屋外墙原状

B. 广告公司应赔偿李某精神损失

C. 广告公司应向李某支付使用房屋外墙一个月的费用

D. 广告公司应该为李某恢复名誉

2. 甲因贪图便宜，向乙购买了一辆报废汽车，甲在驾驶该车行驶过程中，致丙受害，丙花去医药费 2000 元。就该买卖合同及责任承担，下列表述正确的是( )。

A. 乙应向甲承担瑕疵担保责任   B. 丙可向甲主张侵权责任

C. 丙可向乙主张侵权责任   D. 丙可向甲、乙主张连带责任

3. 承担侵权责任的主要方式有( )。

A. 赔礼道歉   B. 消除危险   C. 恢复原状   D. 排除妨碍

4. 张三（20 岁）与李四（14 岁）走到王二家门口，看见王二家门口卧着一条黄狗在睡觉，张三对李四说："你拿块石头去打它，看它有什么反应。"李四听后照办。黄狗被打后朝李四追去，李四见势不妙慌忙躲到迎面走来的陈五身后，黄狗咬伤了陈五，陈五为此花去医药费 500 元。此费用应如何分担？( )

  A. 主要由张三承担，李四的监护人承担适当部分

  B. 主要由李四的监护人承担，张三承担适当部分

  C. 主要由王二承担，李四的监护人承担适当部分

  D. 主要由李四的监护人承担，王二承担适当部分

5. 送报纸的人误将梁某订的报纸放入其邻居张某的报箱中，张某不明所以，拿出来扔掉了。张某行为的性质应该认定为(　　)。

  A. 构成侵权行为　　　　　　　　B. 并无不当

  C. 构成无权代理　　　　　　　　D. 构成不当得利

6. 下列各项权利中，由侵权责任法调整的是(　　)。

  A. 选举权　　　B. 监护权　　　C. 用益物权　　D. 健康权

7. 以下哪些选项可以是产品侵权责任的承担者(　　)。

  A. 仓储者　　　B. 销售者　　　C. 生产者　　　D. 运输者

8. 患者有损害，因下列情形之一的，医疗机构不承担赔偿责任(　　)。

  A. 医疗机构及其医务人员公开患者的病历资料

  B. 患者或者其近亲属不配合医疗机构进行符合诊疗规范的诊疗

  C. 医务人员在抢救生命垂危的患者等紧急情况下已经尽到合理诊疗义务

  D. 限于当时的医疗水平难以诊疗

9. 未成年人小强和小静潜入赵某家，盗窃赵某家的手机，出卖后将钱款用于打游戏等。赵某发现后向法院起诉，要求小强和小静的父母承担赔偿责任，则(　　)。

  A. 本案应适用过错推定，推定小强和小静的父母具有管教不力的过错

  B. 本案应适用过错推定责任原则，需要赵某证明小强和小静的父母管教不力

  C. 本案中，小强和小静的父母应当赔偿赵某的损失

  D. 小强和小静的父母承担的是替代责任

10. 甲从丁销售中心购买了一发动机，该发动机为乙厂所生产，但产品上贴有经丙公司许可的丙公司商标，因发动机存在制造缺陷，为此引起纠纷，依据产品责任，下列表述正确的是(　　)。

  A. 责任主体可为乙厂

  B. 责任主体可为丙公司

  C. 责任主体可为乙厂和丙公司

  D. 责任主体可为丁销售中心

四、简答题（每题 15 分，共 30 分）

1. 关于机动车交通事故责任的赔偿规则，可分为哪三个层次。

2. 高度危险责任中统一适用无过错责任原则。在此之下，分为哪三个层次做出不同的规定。

五、案例分析题（每题 15 分，共 30 分）

1. 李某将自己的一部小轿车卖给王某，但尚未办理车辆所有权转移登记。此时王某驾驶小轿车发生交通事故，且经认定属于小轿车一方责任的，应该由谁承担赔偿责任？为什么？

2.2002 年 3 月 20 日晚 12 点，A 市突然下冰雹和暴雨，并伴有大风，天气十分恶劣。当时，刘某与两位同事下班一起骑车回家，不得已在 B 公司的围墙下躲雨，不料围墙突然倒塌，将刘某砸伤，后经医院抢救无效死亡。请问：本案中谁有权提出赔偿请求？刘某的死亡应该由谁来承担赔偿责任？

《侵权责任法学》综合实训模拟二

一、单项选择题（每题2分，共20分）

1. 明知产品存在缺陷仍然生产、销售，造成他人死亡或者健康严重损害的，被侵权人有权请求相应的何种性质的赔偿？（　　）

A. 补偿性　　　　B. 赔偿性　　　　C. 惩罚性　　　　D. 惩戒性

2. 二人以上分别实施侵权行为造成同一损害，每个人的侵权行为都足以造成全部损害的，行为人承担（　　）。

A. 主要责任　　　　　　　　　　B. 连带责任

C. 相应的责任　　　　　　　　　D. 平均赔偿责任

3. 因同一侵权行为应当承担侵权责任、行政责任和刑事责任，而侵权人的财产不足以支付的，应先承担（　　）。

A. 侵权责任　　　B. 行政责任　　　C. 刑事责任　　D. 经济责任

4. 甲欠乙1万元到期未还。2003年4月，甲得知乙预备起诉索款，便将自己价值3万元的全部财物以1万元卖给了知悉其欠乙款未还的丙，商定付款期限为2004年底。乙于2003年5月得知这一情形，于2004年7月决议向法院提起诉讼。乙提出的以下哪一项诉讼要求能够得到法院支持？（　　）

A. 要求宣布甲与丙的行为无效

B. 要求法院撤销甲与丙的行为

C. 以自己的名义行使甲对丙的1万元债

D. 要求丙承担侵权义务

5. 教唆、帮助他人实施侵权行为的，教唆人、帮助人应承担（　　）。

A. 相应责任　　　　　　　　　　B. 部分责任

C. 补充责任　　　　　　　　　　D. 与行为人一起承担连带责任

6. 在公共道路上堆放、倾倒、遗撒妨碍通行的物品造成他人损害的，应当承担侵权责任的有（　　）。

A. 有关单位　　　　　　　　　　B. 有关个人

C. 有关单位或者个人　　　　　　D. 有关单位和个人

7. 用人单位的工作人员因执行工作任务造成他人损害的，由用人单位承担侵权责任。下列不应由单位承担的侵权责任是（　　）。

A. 证券公司的工作人员为客户买卖股票造成客户的损失

B. 公司职员违反规定擅自将车辆开回家，造成第三人的侵害的

C. 某单位职工在上班期间，与同事争吵并把其打伤

D. 某售后服务公司工作人员在服务后返程中，造成他人损害的

8. 因抢救生命垂危的患者等紧急情况，不能取得患者或者其近亲属意见的，经医疗机构负责人或者哪类人批准，可以立即实施相应的医疗措施？（　　　）

A. 患者单位领导　　　　　　　B. 属地居委会干部

C. 授权的负责人　　　　　　　D. 属地市长

9. 患者在诊疗活动中受到损害，医疗机构及其医务人员有过错的，由下列谁承担赔偿责任？（　　　）

A. 医务人员　　　　　　　　　B. 医疗机构

C. 医疗机构负责人　　　　　　D. 医务人员和医疗机构

10. 请求赔偿精神损害必须是造成他人（　　　）。

A. 严重精神损害　　　　　　　B. 一般精神损害

C. 一时的郁闷烦躁　　　　　　D. 身体残疾

二、多项选择题（每题3分，共30分）

1. 张某旅游时抱着当地一小女孩拍摄了一张照片，并将照片放在自己的博客中，后来发现该照片被用于某杂志的封面，并配以"母女情深"的文字说明。张某并未结婚，朋友看到杂志后纷纷询问张某，熟人对此也议论纷纷，张某深受困扰。下列哪些说法是正确的？（　　　）

A. 杂志社侵害了张某的肖像权

B. 杂志社侵害了张某的名誉权

C. 杂志社侵害了张某的隐私权

D. 张某有权向杂志社要求精神损害赔偿

2. 机动车驾驶人发生交通事故后逃逸后的赔偿处理有（　　　）。

A. 该机动车参加强制保险的，由保险公司在机动车强制保险责任限额范围内予以赔偿

B. 机动车不明或者该机动车未参加强制保险，需要支付被侵权人人身伤亡的抢救、丧葬等费用的，由道路交通事故社会救助基金垫付

C. 道路交通事故社会救助基金垫付后，其管理机构有权向交通事故责任人追偿

D. 道路交通事故社会救助基金垫付后，其管理机构无权向交通事故责

任人追偿

3. 某甲在饭店吃饭后，想趁人不注意溜走，结果被服务员发现。甲声称自己没有钱，饭店如果不放自己走就告饭店非法扣留；饭店则坚持甲付清饭钱，否则休想离开。双方争执不下。下列说法正确的是(　　)。

　　A. 饭店的行为侵害了甲的人身自由，是错误的

　　B. 饭店实施的是自助行为，应当允许

　　C. 饭店实施自助行为后，应当及时向有关机关申请援助

　　D. 如果甲拒不交钱，饭店可以一直扣留甲直到他交钱为止

4. 患者有损害，因下列情形之一的，推定医疗机构有过错(　　)。

　　A. 违反法律、行政法规、规章以及其他有关诊疗规范的规定

　　B. 隐匿或者拒绝提供与纠纷有关的病历资料

　　C. 伪造、篡改或者销毁病历资料

　　D. 患者或者其近亲属不配合医疗机构进行符合诊疗规范的诊疗

5. 患者有损害，因下列情形之一的，医疗机构不承担赔偿责任(　　)。

　　A. 医疗机构及其医务人员公开患者的病历资料

　　B. 患者或者其近亲属不配合医疗机构进行符合诊疗规范的诊疗

　　C. 医务人员在抢救生命垂危的患者等紧急情况下已经尽到合理诊疗义务

　　D. 限于当时的医疗水平难以诊疗

6. 甲因贪图便宜，向乙购买了一辆报废汽车，甲在驾驶该车行驶过程中，致丙受害，丙花去医药费 2000 元。就该买卖合同及责任承担，下列表述正确的是(　　)。

　　A. 乙应向甲承担瑕疵担保责任

　　B. 丙可向甲主张侵权责任

　　C. 丙可向乙主张侵权责任

　　D. 丙可向甲、乙主张连带责任

7. 未成年人小强和小静潜入赵某家，盗窃赵某家的手机，出卖后将钱款用于打游戏等。赵某发现后向法院起诉，要求小强和小静的父母承担赔偿责任，则(　　)。

　　A. 本案应适用过错推定，推定小强和小静的父母具有管教不力的过错

　　B. 本案应适用过错推定责任原则，需要赵某证明小强和小静的父母管教不力

　　C. 本案中，小强和小静的父母应当赔偿赵某的损失

D. 小强和小静的父母承担的是替代责任

8. 甲从丁销售中心购买了一发动机，该发动机为某公司受乙厂委托设计由乙厂所生产，但产品上贴有经丙公司许可的丙公司商标，因发动机存在制造缺陷，为此引起纠纷，依据产品责任，下列表述正确的是（　　）。

A. 责任主体可为乙厂

B. 责任主体可为丙公司

C. 责任主体可为某公司

D. 责任主体可为丁销售中心

9. 根据《中华人民共和国侵权责任法》第二十条规定，侵权人赔偿被侵权人损失的顺序错误的是（　　）。

A. 损失—利益—协商—判决

B. 损失—协商—利益—判决

C. 协商—损失—利益—判决

D. 利益—损失—协商—判决

10. 甲因迁移新居，将其所养的狗置于旧屋院内，无人喂养，该狗因饥饿逃至路上，并将行人乙咬伤，为此引起纠纷，下列表述错误的是（　　）。

A. 该狗已被遗弃，甲不承担责任

B. 该狗虽被遗弃，甲应承担无过错责任

C. 该狗虽被遗弃，甲应承担公平责任

D. 该狗虽被遗弃，甲应承担补充责任

三、简答题（每题10分，共30分）

1. 产品责任的构成要件。

2. 什么是用人单位责任？

3. 医疗损害责任的构成要件及过错的认定。

四、案例分析题（20 分）

一天夜晚，钟某在回家途中看见曹某纠缠女青年孟某，于是上前劝阻，却遭到曹某的殴打，下腹还被曹某随身携带的尖刀捅伤。钟某为此支付了医疗费 1.14 万元。案发后，曹某支付了赔偿费 1.05 万元，刑事附带民事诉讼又判决曹某赔偿钟某医药费等费用 3.26 万元（已执行）。其后，钟某觉得自己受伤是因为见义勇为所致，受益人也就是孟某应该给予适当的补偿，于是向法院提起民事诉讼，请求判令孟某赔偿 2 万元。法院是否支持钟某的诉讼请求呢？

《侵权责任法学》综合实训模拟三

一、判断题（每题 1 分，共 10 分）

1. 因产品存在缺陷造成他人损害的，生产者与销售者应当承担侵权责任。（　　）

2. 劳务派遣期间，被派遣的工作人员因执行工作任务造成他人损害的，由劳务派遣单位承担侵权责任。（　　）

3. 无过错的理由不是追究无过错人责任的理由。（　　）

4. 因抢救生命垂危的患者等紧急情况，不能取得患者或者其近亲属意见的，经医疗机构负责人或者授权的负责人批准的，可以立即实施相应的医疗措施。（　　）

5. 侵害单位权益，造成单位严重损害的，被侵权人可以要求精神损害赔偿。（　　）

6. 以买卖等方式转让拼装或者已达到报废标准的机动车，发生交通事故造成损害的，由转让人承担侵权责任。（　　）

7. 高空抛物的规范规定的作用是为了更好地预防损害，制止人们高空抛物。（　　）

8. 侵害他人财产的，财产损失按照损失发生时的市场价格或者其他方式计算。（　　）

9. 遗弃、逃逸的动物在遗弃、逃逸期间造成他人损害的，原动物饲养人或管理人不承担责任。（　　）

10. 网络服务提供者知道网络用户利用其网络服务侵害他人民事权益，未采取必要措施的，网络服务提供者应承担主要责任，网络用户应承担次要责任。（　　）

二、单项选择题（每题 2 分，共 20 分）

1. 侵权责任法规定的责任构成原则不包括（　　）。

A. 过错责任原则　　　　　　B. 无过错责任原则
C. 推定过错原则　　　　　　D. 过失责任原则

2. 受害人和行为人对损害的发生都没有过错的，应选择的处理方式为（　　）。

A. 受害人自行承担责任

B. 行为人承担责任

C. 根据实际情况，由双方分担损失

D. 由受害人和行为人平均承担责任

3. 吴某购票进入某公园游玩时，被一歹徒抢走手机及随身携带的手包，损失 2000 元，并在与歹徒搏斗过程中受伤，花去医药费 200 元。吴某虽大声喊叫，但没有公园管理处的人员出现。后歹徒逃之夭夭。吴某报案后，诉至法院，请求判决公园赔偿其各项损失，引发纠纷。经查，该公园已雇用保安进行巡逻，但此时保安已走远，无法听到吴某呼喊声。对此下列表述正确的是（　　）。

A. 吴某所受损失应由歹徒承担，与公园无关

B. 吴某的财产损失应由歹徒承担责任，人身损害有权请求公园承担责任

C. 吴某的财产损失和人身损害均有权请求公园承担责任

D. 吴某有权请求公园承担与其过错程度相适应的赔偿责任

4. 王某于某日清晨使用月票在市公园内露天舞池旁学习跳舞时，突然被旁边一棵树上坠落的枯枝砸在后头颈上，随即被他人送到医院诊治。诊断结论为颈椎髓震荡，颈椎过伸性损伤，王某为此花费医药费若干。因损害赔偿与公园发生纠纷，王某诉至法院。对此，下列说法正确的有（　　）。

A. 王某所受损害应由公园承担赔偿责任

B. 王某所受损害与公园无关，应由其自担

C. 王某所受损害应主要由公园承担，王某承担部分责任

D. 王某所受损害应主要由其自担，公园承担部分责任

5. 对患者或者其近亲属不配合医疗机构进行符合诊疗规范的诊疗造成患者有损害，医疗机构应（　　）。

A. 承担责任　　　　　　　　　B. 视损害情况承担责任

C. 不承担责任　　　　　　　　D. 承担人道主义责任

6. 二人以上分别实施侵权行为造成同一损害，每个人的侵权行为都足以造成全部损害的，行为人承担（　　）。

A. 主要责任　　　　　　　　　B. 连带责任

C. 相应的责任　　　　　　　　D. 平均赔偿责任

7. 某媒体未征得艾滋病孤儿小兰的同意，发表了一篇关于小兰的报道，将其真实姓名、照片和患病经历公之于众。报道发表后，隐去真实身

份开始正常生活的小兰再次受到歧视和排斥。关于该媒体的行为下列哪一选项是正确的？（　　）

    A. 不构成侵权　　　　　　　B. 侵犯小兰的健康权

    C. 侵犯小兰的姓名权　　　　D. 侵犯小兰的隐私权

8. 甲醉酒后到某动物园游玩，游到熊猫馆时，不顾安全提示翻越护栏，进入到熊猫馆内，被熊猫咬伤，因此引起纠纷。下列表述正确的是（　　）。

    A. 动物园应当承担无过错责任　　B. 动物园应当承担公平责任

    C. 动物园应当承担过错推定责任　D. 动物园应当承担一般过错责任

9. 劳务派遣规定的是为谁工作谁承担责任，但派遣单位有过错的要承担补充责任。下列由派遣单位承担的情形是（　　）。

    A. 派遣没有电工证的人去做电工活

    B. 应用工单位要求，派遣女工去用工单位做侍应生

    C. 按照用工单位要求，派遣一花甲老农去做茶炉工

    D. 用工单位要求一退伍军人去做保安，遂指派一退伍3年的职工去用人单位做保安

10. 钟某住在某市曙光小区，一日晚上回家，由于回家太晚没有停车位置，于是将车停在小区某栋正在装修的楼房下面，该楼房墙上贴有"楼房装修，路过小心"的告示。早上起来后，钟某发现自己的汽车玻璃被该装修楼房上掉下来的石块砸破，钟某的损失应由（　　）承担。

    A. 钟某自己　　　　　　　　B. 装修楼房业主

    C. 装修公司和楼房业主　　　D. 钟某和装修公司

三、多项选择题（每题2分，共10分）

1. 根据《中华人民共和国侵权责任法》规定，侵权人赔偿被侵权人损失的顺序错误的是（　　）。

    A. 损失—利益—协商—判决　　B. 损失—协商—利益—判决

    C. 协商—损失—利益—判决　　D. 利益—损失—协商—判决

2. 根据传统民法理论，侵权行为可能侵害的权利包括（　　）。

    A. 物权　　B. 肖像权　　C. 知识产权　D. 债权

3. 患者有损害，因下列情形之一的，医疗机构不承担赔偿责任（　　）。

    A. 医疗机构及其医务人员公开患者的病历资料

    B. 患者或者其近亲属不配合医疗机构进行符合诊疗规范的诊疗

C. 医务人员在抢救生命垂危的患者等紧急情况下已经尽到合理诊疗义务

D. 限于当时的医疗水平难以诊疗

4. 未成年人小强和小静潜入赵某家，盗窃赵某家的手机，出卖后将钱款用于打游戏等。赵某发现后向法院起诉，要求小强和小静的父母承担赔偿责任，则(   )。

A. 本案应适用过错推定，推定小强和小静的父母具有管教不力的过错

B. 本案应适用过错责任原则，需要赵某证明小强和小静的父母管教不力

C. 本案中，小强和小静的父母应当赔偿赵某的损失

D. 小强和小静的父母承担的是替代责任

5. 甲从丁销售中心购买了一发动机，该发动机为乙厂所生产，但产品上贴有丙公司的同意其使用的商标，因发动机存在制造缺陷，为此引起纠纷，依据产品责任，下列表述正确的是(   )。

A. 责任主体可为乙厂　　　　B. 责任主体可为丙公司

C. 责任主体可为乙厂和丙公司　D. 责任主体可为丁销售中心

四、简答题（每题 15 分，共 30 分）

1. 侵权造成的损害其特点有哪些？

2. 简述损益相抵原则的适用条件。

五、案例分析题（每题 15 分，共 30 分）

1. 某幼儿园聘请甲担任幼儿班教师，某日上午 9 时左右，幼儿班课间休息时，甲有事离开学校，几个幼儿在教室里玩耍，其中乙（5 岁）和丙（4 岁）因争夺位置而打斗，乙用石块将丙头部打破，而丙则用笔把乙脸戳伤。为此，丙花去医药费 6000 元，乙花去医药费 5000 元。请回答：

（1）脸部受伤的乙的医药费该由谁承担？为什么？

（2）幼儿园要不要承担赔偿责任？为什么？

（3）甲要承担赔偿责任吗？为什么？

2. 吴某携带现金到银行办理汇款手续，当他在营业厅的写字台填写汇款单时，一男子在其身后窥视。吴某填单完毕，即到三号柜台办理汇款手续。虽然银行营业厅的柜台前设置了"一米线"，但窥视吴某的人却进入"一米线"内并站在吴某身侧，此行为并没有引起银行值班保安人员的注意和制止。就在吴某将钱交给柜台内的工作人员时，此人从吴某左侧伸手抢夺钱袋，吴某紧抓钱袋反抗，抢钱人向吴某腹部连刺几刀后逃离现场。吴某因此受了伤，携带的现金也没有了，他可以向银行要求赔偿吗？

《侵权责任法学》综合实训模拟四

一、判断题（每题1分，共10分）

1. 在侵权诉讼的诉状中一般不能直接引用"侵权法"第7条规定。
（　　）

2. 无过错的理由不是追究无过错人责任的理由。 （　　）

3. 对于无过错责任案件的起诉，原告无须提供任何证据。 （　　）

4. 共同侵权要承担连带责任并且这种连带责任没有追偿性。 （　　）

5. 侵害单位权益，造成单位严重损害的，被侵权人可以要求精神损害赔偿。
（　　）

6. 第37条所规定的场所，并非真正意义的公共场所，实际上只是营业性的服务场所。
（　　）

7. 因产品存在缺陷造成他人损害的，生产者应当承担侵权责任，这里的产品包括初级农产品。
（　　）

8. 高空抛物的规范规定的作用是为了更好地预防损害，制止人们高空抛物。
（　　）

9. 遗弃、逃逸的动物在遗弃、逃逸期间造成他人损害的，原动物饲养人或管理人不承担责任。
（　　）

10. 因污染环境造成损害的，污染者应当承担侵权责任。这里的污染者指对环境进行改变的人。
（　　）

二、单项选择题（每题2分，共20分）

1. A 公司与 B 旅行社签订协议组织员工到外地旅游，在 C 风景名胜区观看由 D 艺术团的表演，在表演活动中，由于表演者 E 的失误，将坐在前排的 A 公司员工 F 烧伤，以下说法哪个正确？（　　）

A. 由 C、D 和 E 承担全部责任

B. 由 D 承担全部责任

C. 由 D 和 E 承担全部责任

D. 由 B、C、D 和 E 承担全部责任

2. 吴某购票进入公园游玩时，被一歹徒抢走手机及随身携带的手包，损失 2000 元，并在与歹徒搏斗过程中受伤，花去医药费 200 元。吴某虽大

声喊叫，但没有公园管理处的人员出现。后歹徒逃之夭夭。吴某诉至法院，请求判决公园赔偿其各项损失。经查，该公园已雇用保安进行巡逻，但此时保安已走远，无法听到吴某呼喊声。对此下列表述正确的是（　　）。

A. 吴某所受损失应由歹徒承担，与公园无关

B. 吴某的财产损失应由歹徒承担责任，人身损害有权请求公园承担责任

C. 吴某的财产损失和人身损害均有权请求公园承担责任

D. 吴某有权请求公园承担与其过错程度相适应的赔偿责任

3. 王某于某日清晨使用月票在市公园内露天舞池旁学习跳舞时，突然被旁边一棵树上坠落的枯枝砸在后头颈上，随即被他人送到医院诊治。诊断结论为颈椎髓震荡，颈椎过伸性损伤，王某为此花费医药费若干。因损害赔偿与公园发生纠纷，王某诉至法院。对此，下列说法正确的有（　　）。

A. 王某所受损害应由公园承担赔偿责任

B. 王某所受损害与公园无关，应由其自担

C. 王某所受损害应主要由公园承担，王某承担部分责任

D. 王某所受损害应主要由其自担，公园承担部分责任

4. 甲为患者，在医院输血过程中，因血浆含有病毒，导致甲感染艾滋病毒，为此引起纠纷。下列表述正确的是（　　）。

A. 医院对甲的损害应承担过错推定责任

B. 血浆提供商对甲的损害应承担无过错责任

C. 医院和血浆提供商对甲的损害应承担连带责任

D. 医院对甲的损害不承担责任

5. 王某与李某系多年的邻居，2012 年 7 月王某家建房，李某自愿来王某家帮忙，在帮忙的过程中，李某一边接电话一边搬运材料上楼，在其他工人一再提醒李某小心时，李某一下踩空从二楼摔下，摔成重伤。请问以下哪些说法正确？（　　）

A. 由王某承担主要责任，李某承担次要责任

B. 由李某承担，王某予以补偿

C. 由王某承担

D. 由李某承担

6. 患者在诊疗活动中受到损害，医疗机构及其医务人员有过错的，由以下谁承担赔偿责任（　　）。

A. 医务人员　　　　　　　　B. 医疗机构

C. 医疗机构负责人　　　　　D. 医务人员和医疗机构

7. 吴某种植的西瓜地与宋某的稻田相邻，某日宋某给稻田喷洒农药时，刚好刮起了风，将正在喷洒的农药吹向吴某的西瓜地，正在西瓜地的吴某发现后要求宋某立即停止喷洒，宋某不听劝阻仍继续喷洒，最终导致吴某的西瓜因农药残存量超标无法出售，损失15000元。下列说法不正确的是（　　　）。

A. 由于吴某已经提出停止喷洒要求，因此宋某不能免责

B. 由于风的作用系不可抗力，宋某不承担责任

C. 宋某应赔偿吴某的全部损失

D. 宋某侵犯了吴某的财产权

8. 被侵权人对损害的发生也有过错的（　　　）。

A. 应当减轻侵权人的责任　　　B. 可以减轻侵权人的责任

C. 必须减轻侵权人的责任　　　D. 不可以减轻侵权人的责任

9. 张宇与女友王芳去参观瓷器展，在门口看到"未经允许，不得触摸馆内展品"的告示牌，来到一个精品展柜前，王芳要张宇去拿一个精品瓷器看看，张宇起先不肯，后在王芳的一再要求下，拿起一个标价为2000元的瓷器准备给王芳，不小心将瓷器打碎。本案中，关于责任承担正确的是（　　　）。

A. 张宇承担全部责任

B. 王芳承担全部责任

C. 王芳和张宇共同承担连带责任

D. 王芳和张宇分别承担一半责任

10. 二人以上分别实施侵权行为造成同一损害，每个人的侵权行为都足以造成全部损害的，行为人应承担下列何类责任（　　　）。

A. 主要责任　　　　　　　　B. 连带责任

C. 相应的责任　　　　　　　D. 平均赔偿责任

三、多项选择题（每题2分，共10分）

1. 甲从丁销售中心购买了一发动机，该发动机为乙厂所生产，但产品上贴着丙公司许可的商标，因发动机存在制造缺陷，为此引起纠纷，依据产品责任，下列表述正确的是（　　　）。

A. 责任主体可为乙厂　　　　B. 责任主体可为丙公司

C. 责任主体可为乙厂和丙公司　　D. 责任主体可为丁销售中心

2. 患者有损害，因下列情形之一的，推定医疗机构有过错(　　)。

A. 违反法律、行政法规、规章以及其他有关诊疗规范的规定

B. 隐匿或者拒绝提供与纠纷有关的病历资料

C. 伪造、篡改或者销毁病历资料

D. 患者或者其近亲属不配合医疗机构进行符合诊疗规范的诊疗

3. 完全民事行为能力人因下列哪项因由，对自己的行为暂时没有意识或失去控制造成他人损害的，应当承担侵权责任(　　)。

A. 醉酒　　　　　　　　　　　B. 梦游

C. 滥用麻醉药品　　　　　　　D. 滥用精神药品

4. 下列各项权利中，应由侵权责任法调整的是(　　)。

A. 健康权　　　　　　　　　　B. 监护权

C. 用益物权　　　　　　　　　D. 选举权

5. 对机动车驾驶人发生交通事故后逃逸的，应考虑以下哪些处理方式(　　)。

A. 该机动车参加强制保险的，由保险公司在机动车强制保险责任限额范围内予以赔偿

B. 机动车不明或者该机动车未参加强制保险，需要支付被侵权人人身伤亡的抢救、丧葬等费用的，由道路交通事故社会救助基金垫付

C. 道路交通事故社会救助基金垫付后，其管理机构有权向交通事故责任人追偿

D. 道路交通事故社会救助基金垫付后，其管理机构无权向交通事故责任人追偿

四、简答题 (每题10分，共20分)

1. 简述侵权法中不承担责任和减轻责任的抗辩事由。

2. 关于机动车交通事故责任的一般规则，可分为哪三个层次。

五、案例分析题（共 40 分）

2010 年 8 月 1 日，张三将自己所有的拼装小车转让给知情的李四，2010 年 8 月 10 日，也知情的王五向李四租车使用。王五和朋友 A、B 三人开车出去一起喝酒，此三人彼此都知道均无小车驾驶证。王五和朋友 B 均已喝醉。回家的路上，小车由无驾驶证的 A 驾驶。途中，小车与一辆大货车相撞，造成 B 重伤，大货车司机 C 因避让不当翻车死亡。B 的各种损失为 30 万人民币，C 死亡的各种损失为 50 万人民币。经交警认定，小车驾驶员 A 负事故的主要责任，大货车司机 C 负事故的次要责任。请回答：

（1）B 自己是否要承担一部分损失？为什么？

（2）王五是否有责任？为什么？

（3）A 是否要承担责任？为什么？

（4）张三与李四是否要承担责任？为什么？

《侵权责任法学》综合实训模拟五

一、判断题（每题 1 分，共 10 分）

1. 遗弃、逃逸的动物在遗弃、逃逸期间造成他人损害的，原动物饲养人或管理人不承担侵权责任。 （ ）

2. 以买卖等方式转让拼装或者已达到报废标准的机动车，发生交通事故造成损害的，由转让人承担侵权责任。 （ ）

3. 网络服务提供者知道网络用户利用其网络服务侵害他人民事权益，未采取必要措施的，网络服务提供者应承担主要责任，网络用户应承担次要责任。 （ ）

4. 因同一侵权行为造成多人死亡的，应当以相同数额确定死亡赔偿金。 （ ）

5. 医务人员在诊疗活动中未尽到与当时的医疗水平相应的诊疗义务，造成患者损害的，医疗机构应当承担赔偿责任。 （ ）

6. 侵害单位权益，造成单位严重损害的，被侵权人可以要求精神损害赔偿。 （ ）

7. 劳务派遣期间，被派遣的工作人员因执行工作任务造成他人损害的，由劳务派遣单位承担侵权责任。 （ ）

8. 因产品存在缺陷造成他人损害的，生产者与销售者应当承担侵权责任。 （ ）

9. 侵害他人财产的，财产损失按照损失发生时的市场价格或者其他方式计算。 （ ）

10. 因第三人过错污染环境造成损害的，既能向第三人请求赔偿，也可以向污染者请求赔偿。 （ ）

二、单项选择题（每题 2 分，共 20 分）

1. 小学生小杰和小涛在学校发生打斗，在场老师陈某未予及时制止。小杰踢中小涛腹部，致其脾脏破裂。下列哪一选项是正确的？（ ）

A. 陈某未尽职责义务，应由陈某承担赔偿责任

B. 小杰父母的监护责任已转移到学校，应由学校承担赔偿责任

C. 学校和小杰父母均有过错，应由学校和小杰父母承担连带赔偿责任

D. 学校存在过错，应承担与其过错相应的补充赔偿责任

2. 某化工厂排放的废水流入某湖后，发生大量鱼类死亡事件。在是否承担赔偿责任问题上，该化工厂的下列哪个抗辩理由能立？（　　）

A. 其排放的废水完全符合规定的排放标准

B. 另一工厂也排放了导致湖中鱼类死亡的废水

C. 该化工厂主观上没有任何过错

D. 原告的赔偿请求已经超过 3 年的诉讼时效

3. 周某从迅达汽车贸易公司购买了 1 辆车，约定周某试用 10 天，试用期满后 3 天内办理登记过户手续。试用期间，周某违反交通规则将李某撞成重伤。现周某困难，无力赔偿。关于李某受到的损害，下列哪一表述是正确的？（　　）

A. 因在试用期间该车未交付，李某有权请求迅达公司赔偿

B. 因该汽车未过户，不知该汽车已经出卖，李某有权请求迅达公司赔偿

C. 李某有权请求周某赔偿，因周某是该汽车的使用人

D. 李某有权请求周某和迅达公司承担连带赔偿责任

4. 某媒体未征得艾滋病孤儿小兰的同意，发表了一篇关于小兰的报道，将其真实姓名、照片和患病经历公之于众。报道发表后，隐去真实身份开始正常生活的小兰再次受到歧视和排斥。关于该媒体的行为下列哪一选项是正确的？（　　）

A. 不构成侵权　　　　　　　　B. 侵犯小兰的健康权

C. 侵犯小兰的姓名权　　　　　D. 侵犯小兰的隐私权

5. 承担侵权责任的方式中，可以合并使用的是（　　）。

A. 停止侵害、排除妨害　　　　B. 恢复原状、赔偿损失

C. 消除危险、恢复原状　　　　D. 停止侵害、返还财产

6. 有关公平责任原则的说法正确的是（　　）。

A. 它是一种道德责任而不是法律责任

B. 它适用于双方都没有过错的情况

C. 公平责任下，推定行为人有过错

D. 公平责任下，双方平均承担损失

7. 下列不应由用人单位承担侵权责任的是（　　）。

A. 证券公司的工作人员为客户买卖股票造成客户的损失

B. 公司职员违反规定将车辆开回家，造成第三人的侵害的

C. 某单位职工在上班期间，与同事争吵并把其打伤

D. 某售后服务公司工作人员在服务后返程中，开车不慎造成他人损害的

8. 甲因迁移新居，将其所养的狗置于旧屋院内，无人喂养，该狗因饥饿逃至路上，并将行人乙咬伤，为此引起纠纷，下列表述正确的是（　　）。

A. 该狗已被遗弃，甲不承担责任

B. 该狗虽被遗弃，甲应承担无过错责任

C. 该狗虽被遗弃，甲应承担公平责任

D. 该狗虽被遗弃，甲应承担补充责任

9. 教唆、帮助他人实施侵权行为的，教唆人、帮助人应承担（　　）。

A. 相应责任　　　　　　　　B. 部分责任

C. 补充责任　　　　　　　　D. 与行为人承担连带责任

10. 甲欠乙1万元到期未还。2003年4月，甲得知乙预备起诉索款，便将自己价值3万元的全部财物以1万元卖给了知悉其欠乙款未还的丙，商定付款期限为2004年底。乙于2003年5月得知这一情形，于2004年7月向法院提起诉讼。乙提出的以下哪一项诉讼要求能够得到法院支持？（　　）

A. 要求宣布甲与丙的行为无效

B. 要求法院撤销甲与丙的行为

C. 以自己的名义行使甲对丙的1万元债

D. 要求丙承担侵权义务

三、不定项选择题（每题2分，共20分）

1. 根据《中华人民共和国侵权责任法》第二十条规定，侵权人赔偿被侵权人损失的正确顺序是（　　）。

A. 损失—利益—协商—判决　　B. 损失—协商—利益—判决

C. 协商—损失—利益—判决　　D. 利益—损失—协商—判决

2. 小清河的上游分别建有甲麻纺厂、乙造纸厂、丙酒厂，丁村利用小清河的水灌溉自己的农田，因河水严重污染导致丁村粮食绝收，引起纠纷。经查，甲、乙、丙厂均存在排放污水的事实，下列表述错误的是（　　）。

A. 应由甲、乙、丙厂承担连带责任

B. 应由甲、乙、丙厂承担按份责任

C. 如果甲、乙、丙厂履行了通知义务，则不承担责任

D. 如果甲、乙、丙厂的排污经过批准，则不承担责任

3. 某广告公司在李某出差时，在李某的房屋的外墙上刷写了一条妇女卫生巾广告。李某一个月后回来，受到他人耻笑，遂与广告公司交涉，请问该案应如何处理？（　　　）

A. 广告公司应恢复李某房屋外墙原状

B. 广告公司应赔偿李某精神损失

C. 广告公司应向李某支付使用房屋外墙一个月的费用

D. 广告公司应该为李某恢复名誉

4. 甲因贪图便宜，向乙购买了一辆报废汽车，甲在驾驶该车行驶过程中，致丙受害，丙花去医药费 2000 元。就该买卖合同及责任承担，下列表述正确的是（　　　）。

A. 乙应向甲承担瑕疵担保责任

B. 丙可向甲主张侵权责任

C. 丙可向乙主张侵权责任

D. 丙可向甲、乙主张连带责任

5. 张三（20 岁）与李四（14 岁）走到王二家门口，看见王二家门口卧着一条黄狗在睡觉，张三对李四说："你拿块石头去打它，看它有什么反应。"李四听后照办。黄狗被打后朝李四追去，李四见势不妙慌忙躲到迎面走来的陈五身后，黄狗咬伤了陈五，陈五为此花去医药费 500 元。此费用应如何分担？（　　　）

A. 主要由张三承担，李四的监护人承当适当部分

B. 主要由李四的监护人承担，张三承当适当部分

C. 主要由王二承担，李四的监护人承担适当部分

D. 主要由李四的监护人承担，王二承担适当部分

6. 送报纸的人误将梁某订的报纸放入其邻居张某的报箱中，张某不明所以，拿出来扔掉了。张某行为的性质应该认定为（　　　）。

A. 构成侵权行为　　　　　　　B. 并无不当

C. 构成无权代理　　　　　　　D. 构成不当得利

7. 下列各项权利中，由侵权责任法调整的是（　　　）。

A. 选举权　　　　B. 监护权　　　　C. 用益物权　　D. 健康权

8. 患者有损害，因下列情形之一的，医疗机构不承担赔偿责任（　　　）。

A. 医疗机构及其医务人员公开患者的病历资料

B. 患者或者其近亲属不配合医疗机构进行符合诊疗规范的诊疗

C. 医务人员在抢救生命垂危的患者等紧急情况下已经尽到合理诊疗义务

D. 限于当时的医疗水平难以诊疗

9. 未成年人小强和小静潜入赵某家，盗窃赵某家的手机，出卖后将钱款用于打游戏等。赵某发现后向法院起诉，要求小强和小静的父母承担赔偿责任，则（　　）。

A. 本案应适用过错推定，推定小强和小静的父母具有管教不力的过错

B. 本案应适用过错推定责任原则，需要赵某证明小强和小静的父母管教不力

C. 本案中，小强和小静的父母应当赔偿赵某的损失

D. 小强和小静的父母承担的是替代责任

10. 甲从丁销售中心购买了一发动机，该发动机为乙厂所生产，但产品上贴有经丙公司许可的丙公司商标，因发动机存在制造缺陷，为此引起纠纷，依据产品责任，下列表述正确的是（　　）。

A. 责任主体可为乙厂　　　　　　B. 责任主体可为丙公司

C. 责任主体可为乙厂和丙公司　　D. 责任主体可为丁销售中心

四、简答题（每题 15 分，共 30 分）

1. 请简答产品责任的构成要件及与产品质量责任的主要区别。

2. 请简答医疗损害侵权责任的构成要件及举证责任的规定。

五、案例分析题（每题 5 分，共 20 分）

2015 年 3 月 15 日至 3 月 18 日，A 公司举办有机健康食品展销会，许某到该展销会的一柜台处（该柜台是由展销会出租给 B 公司的）买了几包进口海鲜食品，许某及其家人食用后纷纷出现头晕、呕吐的症状。后经检测发现该食品不符合食品卫生安全标准，该食品的生产企业是 B 公司。在展销会开展之前，展销会的举办者已经对 B 公司的食品经营许可证进行了审查，审查符合要求后才租让其柜台展销。

（1）许某可向谁主张承担侵权责任？为什么？

（2）若许某起诉请求赔偿的时候，该展销会已经结束或者柜台的租赁期已经届满，许某该如何主张自己的诉求？

（3）A 公司若最后承担了赔偿责任，可否向 B 公司追偿？为什么？

（4）许某所诉求的医疗费和误工费是否都能实现？为什么？

《侵权责任法学》综合实训模拟六

一、判断题（每题 1 分，共 10 分）

1. 因产品存在缺陷造成他人损害的，生产者与销售者应当承担侵权责任。　　　　　　　　　　　　　　　　　　　　　　　（　　）

2. 劳务派遣期间，被派遣的工作人员因执行工作任务造成他人损害的，由劳务派遣单位承担侵权责任。　　　　　　　　　　　（　　）

3. 无过错的理由不是追究无过错人责任的理由。　　　　　（　　）

4. 因抢救生命垂危的患者等紧急情况，不能取得患者或者其近亲属意见的，经医疗机构负责人或者授权的负责人批准的，可以立即实施相应的医疗措施。　　　　　　　　　　　　　　　　　　　　　（　　）

5. 侵害单位权益，造成单位严重损害的，被侵权人可以要求精神损害赔偿。　　　　　　　　　　　　　　　　　　　　　　　（　　）

6. 以买卖等方式转让拼装或者已达到报废标准的机动车，发生交通事故造成损害的，由转让人承担侵权责任。　　　　　　　　　（　　）

7. 高空抛物的规范规定的作用是为了更好地预防损害，制止人们高空抛物。　　　　　　　　　　　　　　　　　　　　　　　（　　）

8. 侵害他人财产的，财产损失按照损失发生时的市场价格或者其他方式计算。　　　　　　　　　　　　　　　　　　　　　　（　　）

9. 遗弃、逃逸的动物在遗弃、逃逸期间造成他人损害的，原动物饲养人或管理人不承担责任。　　　　　　　　　　　　　　　（　　）

10. 网络服务提供者知道网络用户利用其网络服务侵害他人民事权益，未采取必要措施的，网络服务提供者应承担主要责任，网络用户应承担次要责任。　　　　　　　　　　　　　　　　　　　　　　（　　）

二、单项选择题（每题 2 分，共 20 分）

1. 对于第五条所规定特别法优先适用中的特别法是指（　　）。
A. 部门规章　　　　　　　　　B. 行政法规
C. 地方法规　　　　　　　　　D. 法律

2. 下列法律关系中，由侵权责任法调整的是（　　）。
A. 劳动法律关系　　　　　　　B. 婚姻法律关系

C. 经济管理关系   D. 税收关系

3. 侵害他人造成人身损害的，不应当赔偿的是（   ）。

A. 医疗费   B. 误工费

C. 护理费   D. 被抚养人的生活费

4. 甲从丁销售中心购买了一发动机，该发动机为乙厂所生产，但产品上贴着丙公司许可的商标，因发动机存在制造缺陷，为此引起纠纷，依据产品责任，下列表述不正确的是（   ）。

A. 责任主体可为乙厂

B. 责任主体可为丙公司

C. 责任主体可为乙厂和丙公司

D. 丁销售中心不是生产厂家，故不能成为责任主体

5. 甲将数箱蜜蜂放在自家院中槐树下采蜜。在乙家帮忙筹办婚宴的丙在帮乙喂猪时忘关猪圈，猪冲入甲家院内，撞翻蜂箱，使来甲家串门的丁被蜇伤，经住院治疗后痊愈。下列哪一种说法是正确的？（   ）

A. 甲应对丁的医疗费用承担全部民事责任

B. 乙应对丁的医疗费用承担全部民事责任

C. 丙应对丁的医疗费用承担全部民事责任

D. 乙和丙应对丁的医疗费用承担连带责任

6. 下列不属于特殊侵权行为的是（   ）。

A. 高度危险作业致人损害   B. 污染环境致人损害

C. 正当防卫致人损害   D. 饲养动物致人损害

7. 甲乙各牵一头牛于一桥头相遇。甲见状即对乙叫道："让我先过，我的牛性子暴，牵你的牛躲一躲。"乙说："不怕。"乙继续牵牛过桥，甲也牵牛上桥。结果二牛在桥上打架，乙的牛跌入桥下摔死。乙的损失应由谁承担？（   ）

A. 甲应负全部赔偿责任

B. 应由乙自负责任

C. 双方按各自的过错程度承担责任

D. 双方均无过错，按公平责任处理

8. （成年人）对乙（8岁）说："你敢砸丙家的玻璃吗？"乙闻言就砸烂了丙家的玻璃，并砸中了屋内的电视机。对于丙的损失，应当由谁承担？（   ）

A. 乙是行为人，根据过错责任原则，应当由乙承担

B. 甲教唆乙砸他人的财物，应当由甲承担

C. 乙是无民事行为能力人，应当由乙的监护人承担

D. 主要由甲承担，乙的监护人也应当承担相应的责任

9. 甲为了给其 3 岁的儿子断奶，将儿子乙送到其弟家委托其弟看管几天，甲临走的时候说："孩子交给你了，你给我看好，出了事你可得负责。"其弟答应。某日，乙在玩耍时将沙子撒进了邻居小孩的眼睛，造成损失 1 万多元，这一损失应当由谁承担？（　　）

A. 应当由甲承担

B. 应当由甲的弟弟承担

C. 应当由甲承担，如果甲无力承担，则由其弟承担

D. 应当由其弟承担，如果其弟无力承担，则由甲承担

10. 甲违章驾车，正常行走的行人乙为了躲避甲的车向路边躲避，结果掉入了正在施工的排水沟中，该施工单位并未设立任何警示标志，乙胳膊摔伤，花去医药费几千元。对于乙的损失，应当由谁来承担？（　　）

A. 甲是造成乙受伤的根本原因，应当由甲赔偿

B. 施工单位未设立警示标志具有过错，应当由其赔偿

C. 甲和施工单位应根据过错和原因力大小承担相应责任

D. 为共同侵权行为，甲和施工单位承担连带赔偿责任

三、多项选择题（每题 2 分，共 20 分）

1. 关于共同侵权行为说法正确的是(　　)。

A. 共同侵权的行为人必须是两个或两个以上的自然人

B. 共同侵权的行为人的主观上有共谋

C. 共同侵权行为造成的后果是同一的

D. 共同侵权行为产生连带责任

2. 关于共同危险行为，下列说法正确的是(　　)。

A. 同共同侵权行为一样，需要行为人的意思联络

B. 同共同侵权行为不同，行为人是不确定的

C. 同无意思联络的数人侵权一样，行为人彼此之间没有意思联络

D. 同无意思联络的数人侵权一样，行为人是不确定的

3. 某单位员工郭某因为长相漂亮又是个寡妇，平时性格活泼，因此被疑为作风不正。其同事赵某趁机散布谣言说她与某人有染，并将郭某与该人偶然在一起走路时的照片偷拍下来公之于众。郭某受到别人指指点点，也因此影响到了郭某升职。赵某侵害了郭某的什么权利？（　　）

A. 名誉权　　　　B. 肖像权　　　C. 财产权　　　D. 隐私权

4. 未成年人小强和小静潜入赵某家，盗窃赵某家的手机，出卖后将钱款用于打游戏等。赵某发现后向法院起诉，要求小强和小静的父母承担赔偿责任，则下列说法正确的是(   )。

A. 本案应适用过错推定，推定小强和小静的父母具有管教不力的过错

B. 本案应适用过错责任原则，需要赵某证明小强和小静的父母管教不力

C. 本案中，小强和小静的父母应当赔偿赵某的损失

D. 小强和小静的父母承担的是替代责任

5. 1998 年长江发洪水，市民甲为了救助落水群众，未经邻居乙的同意使用了乙家的小船。洪水退后，乙要求甲支付小船使用费，甲不同意，乙遂强行将甲的电视机搬走，并言明不给钱就不还电视。关于本案下列说法正确的是(   )。

A. 甲的行为侵犯了乙的财产权

B. 甲的行为属于紧急避险

C. 乙的行为属于自助行为

D. 乙的行为侵犯了甲的财产权

6. 某工厂女工甲因为工作熟练，工资很快涨为同车间最高。对此，其同事乙心怀嫉妒，总想找机会贬低她。后来乙偷看甲的私人信件，得知甲曾经得过性病，遂大肆传播，给甲造成了严重的精神损害。根据民法理论，有关本案下列说法错误的是(   )。

A. 乙散布的是事实，因此不构成侵权

B. 乙散布的是事实，不构成对甲名誉权的侵害，但侵害了甲的隐私权

C. 乙侵害了甲的隐私权和名誉权

D. 乙应当承担民事责任

7. 甲为某市市民，一日他外出游玩时捡到一只藏獒，经过专家鉴定，此藏獒为珍贵的纯种藏獒，甲得知后精心喂养并登报寻找失主。一天，甲带着藏獒在街上散步，藏獒挣脱缰绳咬伤了行人乙，乙花去医疗费 300 元。乙要求甲赔偿损失，甲辩称此狗并不是他的，让乙等待失主认领时找失主要钱。有关本案民事责任承担的说法错误的是(   )。

A. 狗并不属于甲所有，甲没有责任

B. 狗处在甲的管理下，甲应当赔偿

C. 如果找到了狗的主人，应当由狗的主人赔偿

D. 如找到狗的主人，应当由狗主人补偿甲登报的费用和喂养藏獒的费用

8. 某甲在饭店吃饭后，想趁人不注意溜走，结果被服务员发现。甲声称自己没有钱，饭店如果不放自己走就告饭店非法扣留；饭店则坚持甲付清饭钱，否则休想离开。双方争执不下。下列说法正确的是(　　)。

A. 饭店的行为侵害了甲的人身自由，是错误的

B. 饭店实施的是自助行为，应当允许

C. 饭店实施自助行为后，应当及时向有关机关申请援助

D. 如果甲拒不交钱，饭店可以一直扣留甲直到他交钱为止

9. 根据传统民法理论，侵权行为可能侵害的权利包括(　　)。

A. 物权　　　　　　　　　　B. 肖像权

C. 知识产权　　　　　　　　D. 债权

10. 共同危险行为，需要(　　)。

A. 数人实施了共同危险行为

B. 数人的行为具有时空上的一致性

C. 每个人的行为均有可能造成损害后果

D. 发生了损害后果，但不能确定是谁造成的损害

四、简答题（每题10分，共20分）

1. 简述侵权行为侵害对象的基本特征。

2. 简述侵权民事责任免责事由中的受害人的过错的基本要点。

五、案例分析题（30 分）

某日，甲携带一台高级摄像机乘坐长途公共汽车，为了安全，在车上他把摄像机置于腿上抱着。行驶当中一个小孩乙突然横穿马路，驾驶员丙紧急刹车，结果行李架上的物品有不少落下来，其中乘客丁的皮包正巧砸在甲的摄像机上，将价值一万多元的摄像机砸坏了。试回答以下问题：

（1）对本题驾驶员丙紧急刹车的行为应如何理解？

（2）你认为甲的损失应当由谁承担？为什么？

（3）如果小孩已经无法找到，那么甲的损失应当由谁承担？为什么？

《侵权责任法学》综合实训模拟参考答案

《侵权责任法学》综合实训模拟一参考答案

一、判断题（每题1分，共10分）

1. ×　2. √　3. ×　4. √　5. ×　6. ×　7. √　8. √　9. ×　10. ×

二、单项选择题（每题1分，共10分）

1. D　2. A　3. D　4. A　5. D　6. B　7. C　8. C　9. D　10. C

三、不定项选择题（每题2分，共20分）

1. AC　2. BCD　3. ABCD　4. A　5. B　6. BCD　7. ABCD　8. BCD
9. ACD　10. ABCD

四、简答题（每题15分，共30分）

1. （1）机动车与非机动车驾驶人、行人之间发生交通事故造成损害的，由保险公司在机动车第三者责任强制保险责任限额范围内予以赔偿。不足的部分，非机动车驾驶人、行人没有过错的，由机动车一方承担赔偿责任；有证据证明非机动车驾驶人、行人有过错的，根据过错程度适当减轻机动车一方的赔偿责任；机动车一方没有过错的，承担不超过10%的赔偿责任。

（2）交通事故的损害是由非机动车驾驶人、行人故意碰撞机动车造成的，机动车一方不承担赔偿责任。

（3）机动车之间发生交通事故造成损害的，由保险公司在机动车第三者责任强制保险责任限额范围内予以赔偿。不足的部分，由有过错的一方承担赔偿责任；双方都有过错的，按照各自过错的比例分担责任。

2. 答：第一，最严格的无过失责任原则，是航空器和核设施，只有受害人具有故意的才能够免责。

第二，较低的无过失责任原则，是易燃、易爆、剧毒、放射性，受害人故意或者不可抗力免责。

第三，过错推定原则。高空、高压、高速轨道运输工具造成损害的，实行过错推定原则。

上述三个层次的内容是清楚的，改变了对高度危险作业不问具体情况一律适用无过失责任原则的情形。

五、案例分析题（每题 15 分，共 30 分）

1. 应该由王某承担赔偿责任。《侵权责任法》第五十条规定：当事人之间已经以买卖等方式转让并交付机动车但并未办理所有权转移登记的，发生交通事故后属于机动车一方责任的，由保险公司在机动车强制保险责任限额范围内予以赔偿。不足部分，由受让人承担赔偿责任。因此，在这个案例中应由王某来承担赔偿责任。

2. 本案中刘某的近亲属可以提出赔偿请求。刘某的死亡应该由 B 公司承担赔偿责任。因为 B 公司对突然下暴雨的情况应当是可预见的，并且 B 公司有义务定期检查其围墙的质量，以免发生致人伤害的事故。本案中刘某的伤害，并不属于不能预见、不能避免且不能克服的客观情况造成，因此 B 公司应该承担赔偿责任。

《侵权责任法学》综合实训模拟二参考答案

一、单项选择题（每题 2 分，共 20 分）

1. C　2. B　3. A　4. D　5. D　6. C　7. C　8. C　9. B　10. A

二、多项选择题（每题 3 分，共 30 分）

1. ABD　2. ABC　3. BC　4. ABC　5. BCD　6. BCD　7. ACD　8. ABD
9. BCD　10. ACD

三、简答题（每题 10 分，共 30 分）

1. （1）生产或销售了不符合产品质量要求的产品。

（2）不合格产品造成了他人财产、人身损害。

（3）产品缺陷与受害人的损害事实间存在因果关系。

2. 用人单位的工作人员因执行工作任务造成他人损害的，由用人单位承担侵权责任。劳务派遣期间，被派遣的工作人员因执行工作任务造成他人损害的，由接受劳务派遣的用人单位承担侵权责任；劳务派遣单位有过错的，承担相应的补充责任。

3. 一是医疗机构和医务人员的诊疗行为，二是患者的损害，三是诊疗行为与损耗后果之间的因果关系，四是医务人员的过错。

医疗损害赔偿案件中，适用举证责任倒置原则，即由医疗机构就医疗法律行为与损害结果之间不存在因果关系及不存在医疗过错承担举证责任。应当注意是，被告承担的是过错推定责任，只有证明其没有过错才可免责。

四、案例分析题（20 分）

对于钟某的诉讼请求，法院不予支持。钟某在他人的合法权益遭到侵犯时挺身而出，使自己的身体受到伤害是事实，依照《侵权责任法》第二十三条的规定："因防止、制止他人民事权益被侵害而使自己受到损害的，由侵权人承担责任。侵权人逃逸或者无力承担责任，被侵权人请求补偿的，受益人应当给予适当补偿。"也就是说，受益人对受害人给予适当经济补偿是有条件的，只有侵权人逃逸或者侵权人没有赔偿能力的情况下，才可以要求受益人给予受害人适当的补偿。而本案的侵权人曹某已支付赔偿费 1.05 万元。法院的刑事附带民事判决已判决曹某赔偿钟某医药费等费用 3.26 万元，且已执行。这说明钟某受到的侵害不仅有侵权人，而且侵权人已经进行了赔偿，而不是无力赔偿。在这种情形下，让孟某对钟某的人身损害再给予经济补偿是有悖法律规定的。因此法院对钟某的诉讼请求不予支持。

《侵权责任法学》综合实训模拟三参考答案

一、判断题（每题 1 分，共 10 分）

1. ×　2. ×　3. √　4. √　5. ×　6. ×　7. √　8. √　9. ×　10. ×

二、单项选择题（每题2分，共20分）

1. D　2. C　3. A　4. A　5. C　6. B　7. D　8. C　9. A　10. D

三、多项选择题（每题2分，共10分）

1. BCD　2. ABC　3. BCD　4. ACD　5. ABCD

四、简答题（每题15分，共30分）

1. 侵权损害具有如下特点：（1）损害是侵害合法民事权益的客观后果。侵犯他人的合法民事权益所产生的后果，就是损害。因此，不仅侵害民事权利会造成损害后果，侵害其他合法利益的，也会造成损害后果。（2）损害具有确定性。损害的确定性是指损害事实是真实存在的，是在客观上能够认定的。首先，损害是已经发生的、真实存在的侵害后果；其次，损害是在客观上能够认定的。（3）损害具有法律上的补救性。损害的补救性包括两个方面的含义：一是损害具有补救的必要性；二是损害具有补偿的可能性。

2. 损益相抵原则的适用应符合下列条件：（1）须侵害人造成受害人损害。没有损害的发生，就没有侵权赔偿责任，当然，也就不会有损益相抵的适用。（2）须受害人受有利益。受害人受到损害，但如果没有因此而受有利益，则没有损益相抵的适用余地。受害人所受利益既包括积极利益，也包括消极利益。（3）受害人的损害与受有利益之间须有因果关系，即损害与利益须基于同一原因事实而发生。

五、案例分析题（每题15分，共30分）

1. （1）《侵权责任法》第三十二条第一款规定："无民事行为能力人、限制民事行为能力人造成他人损害的，由监护人承担侵权责任。监护人尽到监护责任的，可以减轻其侵权责任。"乙的脸部受伤主要是由丙的侵权行为造成的，所以乙的医药费主要由丙的监护人直接承担责任。

（2）幼儿园承担按过错责任原则承担相应的责任。《侵权责任法》第三十八条规定："无民事行为能力人在幼儿园、学校或者其他教育机构学习、生活期间受到人身损害的，幼儿园、学校或者其他教育机构应当承担责任，但能够证明尽到教育、管理职责的，不承担责任。"本案中，幼儿园的工作人员甲有明显过错，幼儿园应当承担相应的责任。

（3）甲的行为属于职务行为，其责任由幼儿园承担，幼儿园承担赔偿责任后可以根据甲的过错事后向甲追偿。

2. 吴某可以向银行要求赔偿。商业银行的营业厅，是商业银行为客户提供金融服务的主要场所，商业银行应当根据其从事经营活动的规模，依照法律、法规以及相关部门规章的规定，在营业厅内预先安装必需的安全防范设施，安排保安人员，预防和尽可能避免不法侵害的发生，为客户的人身及财产安全提供保障，维护良好的交易秩序。但在本案中，当抢钱人越过"一米线"时，值班保安人员并没有注意，更没有予以制止，因此对于吴某的损失具有一定的过错，违反了安全保障义务，应该承担民事责任。根据《侵权责任法》第三十七条的规定："宾馆、商场、银行、车站、娱乐场所等公共场所的管理人或者群众性活动的组织者，未尽到安全保障义务，造成他人损害的，应当承担侵权责任。因第三人的行为造成他人损害的，由第三人承担侵权责任；管理人或者组织者未尽到安全保障义务的，承担相应的补充责任。"

商业银行属于封闭性的经营场所，商业银行对于前来办理业务的客户负有安全保障义务，在因第三人的行为造成客户损害的情形下，如果银行未尽到安全保障义务，应该承担相应的补充责任。

《侵权责任法学》综合实训模拟四参考答案

一、判断题（每题 1 分，共 10 分）

1. √ 2. √ 3. × 4. √ 5. × 6. √ 7. × 8. √ 9. × 10. √

二、单项选择题（每题 2 分，共 20 分）

1. B 2. A 3. A 4. B 5. B 6. B 7. B 8. B 9. C 10. B

三、多项选择题（每题 2 分，共 10 分）

1. ABCD 2. ABC 3. ACD 4. ABC 5. ABC

四、简答题（每题 10 分，共 20 分）

1. 第二十六条中规定了过错相抵原则，在法律适用上必须是双方都有过错，并且过错相当。如果是过错不同，在侵权人故意和重大过错，而受害人仅为一般过失的情况下不能适用过错相抵原则。如果行为人重大过失，受害人一般过失，行为人要承担全部责任。

第二十七条受害人故意造成、第二十九条不可抗力造成、第三十条正当防卫造成、第三十一条紧急避险造成等五种情况是免责和有抗辩事由的。

2. 第一，机动车与非机动车驾驶人、行人之间发生交通事故造成损害的，由保险公司在机动车第三者责任强制保险责任限额范围内予以赔偿。不足的部分，非机动车驾驶人、行人没有过错的，由机动车一方承担赔偿责任；有证据证明非机动车驾驶人、行人有过错的，根据过错程度适当减轻机动车一方的赔偿责任；机动车一方没有过错的，承担不超过10%的赔偿责任。

第二，交通事故的损害是由非机动车驾驶人、行人故意碰撞机动车造成的，机动车一方不承担赔偿责任。

第三，机动车之间发生交通事故造成损害的，由保险公司在机动车第三者责任强制保险责任限额范围内予以赔偿。不足的部分，由有过错的一方承担赔偿责任；双方都有过错的，按照各自错的比例分担责任。

五、案例分析题（40分）

（1）B要承担一部分损失，按道路交通安全法规定，任何人不得纵容驾驶人违反道路交通安全法律、法规和机动车安全驾驶要求驾驶机动车。而B明知A无小车驾驶证，却纵容A驾驶。

（2）王五有责任，王五明知A无小车驾驶证，却纵容A驾驶。

（3）A应当承担赔偿责任。发生交通事故后属于该机动车一方责任的，由保险公司在机动车强制保险责任限额范围内予以赔偿。不足部分，由机动车使用人承担赔偿责任。

（4）张三与李四要承担相应责任，第五十一条以买卖等方式转让拼装或者已达到报废标准的机动车，发生交通事故造成损害的，由转让人和受让人承担连带责任。

第十一条 二人以上分别实施侵权行为造成同一损害，每个人的侵权行为都足以造成全部损害的，行为人承担连带责任。张三与李四、王五及A、B都要担连带责任。

第十二条 二人以上分别实施侵权行为造成同一损害，能够确定责任大小的，各自承担相应的责任；难以确定责任大小的，平均承担赔偿责任。

《侵权责任法学》综合实训模拟五参考答案

一、判断题（每题1分，共10分）

1. × 2. × 3. × 4. × 5. √ 6. × 7. × 8. × 9. √ 10. √

二、单项选择题（每题2分，共20分）

1. D 2. D 3. C 4. D 5. B 6. B 7. C 8. B 9. D 10. D

三、不定项选择题（每题2分，共20分）

1. A 2. ACD 3. AC 4. BCD 5. A 6. B 7. BCD 8. BCD 9. ACD
10. ABCD

四、简答题（每题15分，共30分）

1. 产品责任的构成要件有：（1）生产或销售了不符合产品质量要求的产品。（2）不合格产品造成了他人财产、人身损害。（3）产品缺陷与受害人的损害事实间存在因果关系。

产品责任与产品质量责任的区别在于：前者属侵权责任，由缺陷产品引发了除缺陷产品之外的其他损害；后者是违约责任，由瑕疵产品引发。

2. 一是医疗机构和医务人员的诊疗行为，二是患者的损害，三是诊疗行为与损耗后果之间的因果关系，四是医务人员的过错。医疗损害责任采用过错与过错推定责任，对于医疗机构和医务人员有以下情形之一的：（1）违反法律、行政法规、规章以及其他有关诊疗规范的规定；（2）隐匿或者拒绝提供与纠纷有关的病历资料；（3）伪造、篡改或者销毁病历资料，推定医疗机构有过错，医疗机构和医务人员要承担不存在医疗过错的举证责任。

五、案例分析题（每题5分，共20分）

（1）可向 A 公司或 B 公司主张。按侵权责任法规定，因产品存在缺陷造成损害的，被侵权人可以向产品的生产者请求赔偿，也可以向产品的销售者请求赔偿。

（2）向 A 公司或 B 公司要求赔偿或者直接将 A 公司和 B 公司告上法

庭。根据消费者权益保护法，消费者在展销会、租赁柜台购买商品或者接受服务，其合法权益受到损害的，可以向销售者或者服务者要求赔偿。展销会结束或者柜台租赁期满后，也可以向展销会的举办者、柜台的出租者要求赔偿。展销会的举办者、柜台的出租者赔偿后，有权向销售者或者服务者追偿。

（3）可以。产品缺陷由生产者造成的，销售者赔偿后，有权向生产者追偿。

（4）可以。按侵权责任法规定，侵害他人造成人身损害的，应当赔偿医疗费等为治疗支出的合理费用，以及因误工减少的收入。

《侵权责任法学》综合实训模拟六参考答案

一、判断题（每题1分，共10分）

1. × 2. × 3. √ 4. √ 5. × 6. × 7. √ 8. √ 9. × 10. ×

二、单项选择题（每题2分，共20分）

1. D 2. A 3. D 4. D 5. B 6. C 7. C 8. B 9. B 10. C

三、多项选择题（每题2分，共20分）

1. CD 2. BC 3. AB 4. ACD 5. BD 6. AB 7. AC 8. BC 9. ABC 10. ABCD

四、简答题（每题10分，共20分）

1. 侵权行为侵害的对象主要是人身权、财产权等绝对权利。并非所有的权益都受到侵权法的保护，这些在本质上都是一种私权，而非公法所确认的权利。其次，此种权利是合同法保护范围之外的权利。再次，侵权法所保护的不限于权利，还包括利益。

2. 受害人过错包括两种类型：受害人对于损害发生的过错和受害人对损害扩大的过错。受害人过错对于侵害人责任的免除主要体现在两个方面：一是部分免除，即适用过错相抵规则，减轻侵害人的民事责任。二是全部免除，一些法条规定即只要受害人对于损害的发生存在故意，就全部免除行为人的责任。

五、案例分析题（30分）

（1）驾驶员丙的行为为紧急避险。紧急避险，是侵权民事责任的免责事由之一，是指为了使公共利益，本人或者他人的财产、人身或者其他合法权益免受正在发生的危险，而不得已采取的致他人较小损害的行为，不应担责。

（2）甲的损失应当由小孩的监护人承担责任。《侵权责任法》第三十一条规定："因紧急避险造成损害的，由引起险情发生的人承担民事责任。如果危险是由自然原因引起的，紧急避险人不承担民事责任或者承担适当的民事责任。因紧急避险采取措施不当或者超过必要的限度，造成不应有的损害的，紧急避险人应当承担适当的民事责任。"在本案中，驾驶员刹车的行为并无不当；丁的东西掉下来砸到了甲的摄像机，但丁没有过错。而小孩突然跑过马路是险情引发的原因，小孩的监护人有监护不力的过错，因此应当由小孩的父母承担责任。

（3）如果小孩已经无法找到，根据我国《侵权责任法》第五十八条规定，"当事人对造成的损害都没有过错的，可以根据实际情况，由当事人分担损失"。

本题中，驾驶员丙、乘客丁、乘客甲都没有过错，可以根据他们的经济能力等由他们分担损失。本题涉及公平责任原则的运用。公平责任原则是指在双方当事人对损害均无过错，但是依照法律的规定又不能适用无过错责任的情况下，由人民法院根据公平的观念，在考虑受害人的损害、双方当事人的财产状况以及其他相关情况的基础上，判令加害人对受害人的财产损失给予适当赔偿。应当注意的是，通则是分担责任，侵权法是分担损失。

第四章 《商法学》综合实训模拟

《商法学》综合实训模拟一

一、单选题（共45分，每题3分）

1. 企业破产清算期间代表公司参与民事诉讼活动的主体是（　　）。
A. 债权人会议　　　　　　　　B. 企业上级主管部门
C. 管理人　　　　　　　　　　D. 最大债权人

2. 见票后定期付款的汇票，持票人向付款人提示承兑的期限是（　　）。
A. 在汇票到期日前　　　　　　B. 出票日起1个月内
C. 出票后6个月内　　　　　　D. 出票后3个月内

3. 属于票据代理的情形是（　　）。
A. 甲在自己填写的汇票上盖上乙的印章
B. 某公司一分公司以总公司名义签发汇票一张
C. 某公司法定代表人陈某以公司名义签发支票一张支付个人债务
D. 甲以自己的名义在票据上签章，同时注明"受乙委托代乙出票"

4. 2008年7月15日，人民法院受理了一件破产申请案，管理人有权请求人民法院予以撤销的债务人的行为是（　　）。
A. 2007年7月14日，债务人无偿转让财产的行为
B. 2007年2月1日，债务人与他人签订买卖合同，以明显不合理的低价处理其财产的行为
C. 2007年7月20日，债务人对没有财产担保的债务提供财产担保的行为

D. 2007 年 6 月 1 日，债务人宣布放弃对他人的债权的行为

5. 王某欲自己出资成立一个科技开发有限责任公司，根据我国《公司法》的规定，王某的出资不得少于(　　)。

A. 3 万元　　　　　B. 10 万元　　　　C. 30 万元　　　D. 50 万元

6. 甲、乙、丙三人出资成立一家有限责任公司，现丙与丁达成协议，将其在该公司拥有的全部股份作价 20 万元转让给丁。对此，甲、乙均表示同意转让，但均愿意购买，甲的出价为 20 万元，乙的出价为 18 万元。因公司章程对此未有规定，则丙所持股份应转让给(　　)。

A. 甲　　　　　　B. 乙　　　　　　C. 丁　　　　　　D. 甲和丁各一半

7. 某有限责任公司股东会表决的事项中属于法定特别决议事项的是(　　)。

A. 选举和更换董事　　　　　　　B. 股东向股东以外的人转让出资

C. 发行公司债券　　　　　　　　D. 修改公司章程

8. 甲电器公司总部设在青岛，并且在深圳、上海、北京都有分公司，据调查，现在其在各地分公司的销售额和人员总数均已超过在青岛的公司总部，尤其是上海分公司，其销售额占公司年度总销售额的 40% 以上。依法，其住所地应在(　　)。

A. 上海　　　　B. 深圳　　　　C. 青岛　　　　D. 北京

9. 某银行在一张商业汇票的承兑栏签署的文句是"承兑，到期分批付款"。根据我国《票据法》，关于该银行的付款责任，下列表述正确的是(　　)。

A. 该银行已经承兑，承担到期分批付款责任

B. 该银行已经承兑，但应当承担一次全额付款责任

C. 应视为该银行拒绝承兑，该银行不承担付款责任

D. 只要出票人已经将款项预存在该银行，该银行的上述表述就可以视为已经承兑，因而承担付款责任

10. 一人有限责任公司在资本制度方面有下列哪项特别限制(　　)。

A. 注册资本最低限额为人民币 3 万元

B. 一个法人只能投资设立一个一人有限责任公司

C. 所有一人有限责任公司均能投资设立新的一人有限责任公司

D. 股东应当一次足额缴纳公司章程规定的出资额

11. 全体股东的货币出资金额不得低于有限责任公司注册资本的(　　)。

A. 百分之三十　　　　　　　　　B. 百分之三十五

C. 百分之四十 D. 百分之五十

12. 甲公司以乙公司为收款人签发了一张银行承兑汇票，乙公司将汇票背书转让给丙公司，丙公司将汇票背书转让给张某，张某将汇票背书转让给乙公司，乙公司提示承兑时，银行拒绝承兑，乙公司有权行使追索权的是(   )。

A. 甲公司 B. 丙公司 C. 张某 D. 银行

13. 某公司在解散清算活动中，如果清算组发现公司财产不足以清偿债务，则清算组应(   )。

A. 报股东会决定如何清偿债务

B. 向最大的债权人进行清偿

C. 按债务发生的时间先后进行清偿

D. 向人民法院申请宣告破产

14. 下列商事主体，不具有企业法人资格的是(   )。

A. 个人独资企业 B. 有限责任公司

C. 股份有限公司 D. 一人公司

15. 名流公司将其持有的一张以光明公司为出票人和付款人，自己为收款人的商业汇票背书赠与"希望工程"。汇票到期后，"希望工程"办公机构向光明公司提示付款被拒绝，理由是名流公司与光明公司之间的合同已被撤销，则(   )。

A. 付款人有权拒付票款，因为持票人系无偿取得票据，其票据权利不优于前手

B. 付款人有权拒付票款，因为基础合同撤销即意味着该汇票关系终止

C. 付款人无权拒付票款，因为持票人为善意取得票据者

D. 付款人无权拒付票款，因为"希望工程"属于社会公益事业，应予特别保护

二、多选题（共15分，每题3分）

1. 属于即期票据的有(   )。

A. 银行汇票 B. 见票后定期付款汇票

C. 支票 D. 银行本票

2. 下列哪几项具有法人资格？(   )

A. 分公司 B. 外国公司的分支机构

C. 子公司 D. 总公司

3. 下列属于破产费用的是(   )。

A. 破产案件的诉讼费用

B. 管理、变价和分配债务人财产的费用

C. 管理人执行职务的费用、报酬和聘用工作人员的费用

D. 债务人财产受无因管理所产生的债务

4. 下列中属于破产财产的有(   )。

A. 破产宣告时企业所拥有的库存产品

B. 破产债务人抵押给银行的一辆轿车

C. 法院受理破产申请后发现的破产债务人的出资人尚未交付的 40 万元出资

D. 破产企业某董事占用企业的 3 台空调

5. 下列有关重整制度的表述，说法正确的是(   )。

A. 在重整期间，对债务人的特定财产享有的担保权暂停行使

B. 担保物有损坏或者价值明显减少的可能，足以危害担保权人权利的，担保权人可以向人民法院请求恢复行使担保权

C. 在重整期间，债务人或者管理人为继续营业而借款的，可以为该借款设定担保

D. 在重整期间，债务人的出资人可以请求投资收益分配

三、论述题（20 分）

论商法基本原则：维护交易安全原则

四、案例题 （20 分）

甲公司为向乙支付货款签发了商业承兑汇票。此前甲之股东 A 曾在甲请求代为付款的报告上签字同意，故甲将汇票的付款人记载为 A。票据到期前，乙向 A 提示承兑，A 拒绝承兑。乙以甲、A 为被告向法院提起票据诉讼，请求判令甲和 A 对支付票据金额承担连带责任。

问：（1）A 是否是该商业承兑汇票的当事人？

（2）A 拒绝承兑是否合法？

（3）乙的诉讼请求是否应当支持？

《商法学》综合实训模拟二

一、单选题（共45分，每题3分）

1. 甲、乙、丙三人出资成立一家有限责任公司，现丙与丁达成协议，将其在该公司拥有的全部股份作价20万元转让给丁。对此，甲、乙均表示同意转让，但均愿以20万元购买。则丙所持股份应（　　）。

    A. 全部卖给甲　　　　　　　　B. 全部卖给乙

    C. 全部卖给丁　　　　　　　　D. 由甲乙按持股比例取得

2. 依票据法原理，票据被称为无因证券，其含义是指（　　）。

    A. 取得票据无须合法原因，即使是盗窃而得的票据，持票人也享有票据权利

    B. 票据权利以票面记载为准，即使票据上记载的文义与记载人的真实意思有出入，也要以记载为准

    C. 占有票据即能行使票据权利，不问占有该票据的原因关系和资金关系

    D. 当事人签发转让票据的行为无须依法定形式进行

3. 共益债务不包括的内容是（　　）。

    A. 因债务人不当得利所产生的债务

    B. 因债务人违约所产生的债务

    C. 因债务人财产致人损害所产生的债务

    D. 因债务人财产受无因管理所产生的债务

4. 下列关于商法特征表述不正确的是（　　）。

    A. 商法体现为国内法兼国际法色彩

    B. 商法体现为强制性

    C. 商法体现为任意性兼强制性

    D. 商法体现为私法性兼公法性

5. 下列有关有限责任公司的表述正确的是（　　）。

    A. 股东人数不得超过30人　　　B. 可以通过募集方式设立

    C. 其股份可以自由转让　　　　D. 具有资合性与人合性

6. 现有一张2007年6月1日出票，付款日期为出票后2个月的汇票。该张汇票提示付款期截止于（　　）。

A. 2007 年 7 月 31 日　　　　　　B. 2007 年 8 月 1 日

C. 2007 年 8 月 10 日　　　　　　D. 2009 年 8 月 1 日

7. 甲签发一张以乙为收款人、丙银行为付款人的汇票，交付给乙后，乙不慎丢失，被丁拾得，丁伪造乙的签章将票据背书转让给自己，丁向丙银行提示付款遭拒绝。对此，下列表述错误的是（　　　）。

A. 甲仍然依签章承担票据责任

B. 乙不承担票据责任，理由是他没有在票据上签章

C. 该票据因丁的伪造行为而无效

D. 丁不承担票据责任，理由是他没有在票据上签章

8. 甲公司于 2004 年 4 月 6 日签发一张汇票给乙公司，到期日为 2004 年 7 月 6 日，乙公司于 2004 年 5 月 6 日向付款人提示承兑，被拒绝。乙公司便将该汇票背书转让给丙公司。乙公司在此汇票上的背书属于（　　　）。

A. 回头背书　　　　　　　　B. 限制背书

C. 期后背书　　　　　　　　D. 附条件背书

9. 一人有限责任公司在资本制度方面有下列哪项特别限制（　　　）。

A. 注册资本最低限额为人民币 3 万元

B. 一个法人只能投资设立一个一人有限责任公司

C. 所有一人有限责任公司均能投资设立新的一人有限责任公司

D. 股东应当一次足额缴纳公司章程规定的出资额

10. 关于有限责任公司股东向股东以外的人转让股权，下列说法错误的是（　　　）。

A. 经其他股东三分之二以上同意

B. 书面通知其他股东征求同意

C. 其他股东半数以上不同意转让的，不同意的股东应当购买该转让的股权；不购买的，视为同意转让

D. 经股东同意转让的股权，其他股东在同等条件下有优先购买权

11. 持票人对其前手的追索权，自被拒绝承兑或者被拒绝付款之日起多长时间内不行使而消灭？（　　　）

A. 2 年　　　　　B. 1 年　　　　　C. 3 个月　　　D. 6 个月

12. 一银行本票的出票日期为 2002 年 10 月 25 日。该本票的权利消灭时效届满于（　　　）。

A. 2002 年 12 月 25 日　　　　　　B. 2003 年 4 月 25 日

C. 2004 年 10 月 25 日　　　　　　D. 2004 年 12 月 25 日

13. 根据我国票据法的规定，背书时附有条件的，所附条件（　　　）。

A. 在条件成就时有票据上的效力

B. 不具有票据上的效力

C. 不管条件是否成就，均具有法律上的效力

D. 在承兑前有法律效力，在承兑后无法律效力

14. 甲公司向乙银行交付 35 万元，申请签发银行汇票向丙公司付款。这份汇票的当事人为(　　)。

A. 出票人乙银行，付款人乙银行，收款人丙公司

B. 出票人甲公司，付款人甲公司，收款人丙公司

C. 出票人甲公司，付款人乙银行，收款人丙公司

D. 出票人乙银行，付款人甲公司，收款人丙公司

15. 在破产程序中，有关当事人对人民法院做出的下列裁定可以上诉的是(　　)。

A. 驳回破产申请的裁定　　　　B. 宣告企业破产的裁定

C. 认可破产财产分配方案的裁定　D. 终结破产程序的裁定

二、多选题（共 15 分，每题 3 分）

1. 下列哪几项不具有法人资格？(　　)

A. 分公司　　　　　　　　　B. 外国公司的分支机构

C. 子公司　　　　　　　　　D. 母公司

2. 甲、乙、丙拟共同投资 10 万元设立一个有限责任公司，依照我国公司法，下列说法正确的有(　　)。

A. 甲、乙、丙的实物出资合计不得超过人民币 7 万元

B. 甲、乙、丙的现金出资合计不得低于人民币 3 万元

C. 甲、乙、丙首次出资合计不得低于人民币 2 万元

D. 甲、乙、丙既可用现金出资，也可用非专利技术出资

3. 公司法定代表人依照公司章程的规定，可以由(　　)担任。

A. 董事长　　　B. 执行董事　　　C. 经理　　　D. 监事会主席

4. 下列中属于债权人会议职权的有(　　)。

A. 通过和解协议

B. 提请人民法院更换管理人

C. 对破产企业尚未履行的合同决定解除或继续履行

D. 决定继续或者停止债务人的营业

5. 向债务人所在地人民法院提出破产清算申请的当事人有(　　)。

A. 债务人　　　　　　　　　B. 债权人

C. 人民法院   D. 对债务人负有清算责任的人

三、论述题（20分）

论述公司的特征。

四、案例题（20分）

甲、乙、丙、丁四人共同设立某有限责任公司，注册资本 100 万元。公司成立后，甲因急需用钱，提出要退股，遭到乙、丙、丁的反对。甲遂决定将其股份转让给戊，此时，发现甲作为出资的一栋房屋的实际价额显著低于章程约定的价额，为此，引起纠纷。

请回答下列问题：

（1）甲是否有权提出退股？为什么？

（2）甲欲将其股份转让给戊，应经何种程序？

（3）甲的出资财产价额显著低于章程约定价额应如何处理？

《商法学》综合实训模拟三

一、**单选题**（共 45 分，每题 3 分）

1. 某市国有资产管理部门决定将甲乙两个国有独资公司撤销，合并成立甲股份有限公司，合并后的甲股份公司仍使用原甲公司的字号，该合并事项已经由有关部门批准，现欲办理商业登记。应办理的登记是（   ）。

  A. 解散登记   B. 设立登记

  C. 变更登记   D. 注销登记

2. 以下不属于破产费用的是（   ）。

  A. 破产案件的诉讼费用

  B. 管理、变价和分配债务人财产的费用

  C. 债权人参加破产程序的费用

  D. 管理人执行职务的费用、报酬和聘用工作人员的费用

3. 下列各选项中提出破产申请的债权人，其请求权不必具备的条件是（   ）。

  A. 须为具有给付内容的请求权   B. 须为法律上可强制执行的请求权

  C. 须为已到期的请求权   D. 必须是没有担保权的债权

4. 以下取得票据权利的方式中，需要支付对价的是（   ）。

  A. 继承   B. 赠予   C. 税收   D. 善意取得

5. 下列选项中董事会不可以行使的职权是（   ）。

  A. 负责召集股东大会，并向股东大会报告工作

  B. 决定公司的经营计划和投资方案

  C. 制定公司的利润分配方案和弥补亏损方案

  D. 决定增加或减少监事

6. 甲拾得某银行签发的金额为 5000 元的本票一张，并将该本票背书送给女友乙作生日礼物，乙不知本票系甲拾得，按期持票要求银行付款。假设银行知晓该本票系甲拾得并送给乙，对于乙的付款请求，下列哪一种说法是正确的？（   ）

  A. 根据票据无因性原则，银行应当支付

  B. 乙无对价取得本票，银行得拒绝支付

  C. 虽甲取得本票不合法，但因乙不知情，银行应支付

D. 甲取得本票不合法，且乙无对价取得本票，银行得拒绝支付

7. 商法从根本上看属于(　　)。

A. 伦理性的法　B. 经济法　　　C. 私法　　　　D. 公法

8. 票据的制作必须依据票据法规定的方式进行，这体现了票据的(　　)。

A. 文义性　　　B. 有因性　　　C. 设定性　　　D. 要式性

9. 下列选项中仅属于汇票的票据行为的是(　　)。

A. 出票　　　　B. 承兑　　　　C. 背书　　　　D. 保证

10. 以下关于商号权表述正确的是(　　)。

A. 向商标管理部门申请后获得的权利

B. 不可转让的权利

C. 仅具有财产性的权利

D. 在管辖地登记机关依法登记后获得的权利

11. 朱某持一张载明金额为人民币 50 万元的承兑汇票，向票据所载明的付款人某银行提示付款。但该银行以持票人朱某拖欠银行贷款 60 万元尚未清偿为由拒绝付款，并以该汇票票面金额冲抵了部分届期贷款金额。对付款人（即某银行）行为的定性，下列哪一选项是正确的？(　　)

A. 违反票据无因性原则的行为

B. 违反票据独立性原则的行为

C. 行使票据抗辩之对人抗辩的行为

D. 行使票据抗辩之对物抗辩的行为

12. 公司作为企业法人，其根本目的是(　　)。

A. 实现营利最大化　　　　　　B. 保持公司持续发展

C. 扩大企业发展规模　　　　　D. 占有较大市场份额

13. 公司的成立行为不同于公司的设立行为，以下属于公司成立行为的是(　　)。

A. 草拟公司章程　　　　　　　B. 在公司章程上签字、盖章

C. 出资人订立出资协议　　　　D. 登记管理部门登记

14. 股份有限公司因经营需要决定分立时，公司股东大会通过该决议必须由(　　)。

A. 全体股东所持表决权的二分之一以上通过

B. 全体股东所持表决权的三分之二以上通过

C. 全体股东一致通过

D. 出席会议的股东所持表决权的三分之二以上通过

15. 由外国公司向中国政府提出申请，在中国境内设立的组织中，具有法人资格的是（　　　）。

A. 分公司 B. 子公司

C. 分支机构 D. 办事机构

二、多选题（共 15 分，每题 3 分）

1. 公司的法人性是指（　　　）。

A. 公司的独立责任分离于股东的责任

B. 股东以个人的财产对公司的债务承担无限责任

C. 股东对公司的债务不直接承担责任

D. 在公司存续期间，股东可以抽回自己的出资

2. 下列关于有限责任公司设立表述正确的有（　　　）。

A. 注册资本的最低限额为人民币 3 万元

B. 可以发起设立，也可以募集设立

C. 可以由 1 个股东出资设立

D. 首次出资不得低于注册资本的 20%，但可以低于法定的最低注册资本

E. 首次出资不得低于注册资本的 20%，也不得低于法定的最低注册资本

3. 甲公司欲单独出资设立一家子公司。关于子公司的财产性质、法律地位、法律责任等问题，下列说法正确的是（　　　）。

A. 子公司的财产所有权属于甲公司，但由子公司独立使用

B. 当子公司财产不足清偿债务时，甲公司仅对子公司的债务承担补充清偿责任

C. 子公司具有独立法人资格

D. 子公司进行诉讼活动时以自己的名义进行

4. 下列中属于破产财产的有（　　　）。

A. 破产宣告时企业所拥有的库存产品

B. 破产债务人抵押给银行的一辆轿车

C. 法院受理破产申请后发现的破产债务人的出资人尚未交付的 40 万元出资

D. 破产企业某董事占用企业的 3 台空调

5. 下列有关重整制度的表述，说法正确的是（　　　）。

A. 在重整期间，对债务人的特定财产享有的担保权暂停行使

B. 担保物有损坏或者价值明显减少的可能，足以危害担保权人权利的，担保权人可以向人民法院请求恢复行使担保权

C. 在重整期间，债务人或者管理人为继续营业而借款的，可以为该借款设定担保

D. 在重整期间，债务人的出资人可以请求投资收益分配

三、论述题（20 分）

论述破产重组、破产和解与破产清算程序的区别。

四、案例题（20 分）

王某签发了一张以李某为付款人的远期汇票给赵某。赵某请方某为保证人，将汇票背书转让给了徐某。徐某向李某提示承兑，李某在汇票正面附言"只要王某给我足额发货，我就付款。"

问题：

（1）李某的附言是否属于有效的承兑？为什么？

（2）如果李某拒绝承兑，徐某可以向谁行使追索权？追索金额包括哪些？

（3）如果汇票未写明被保证人的姓名，该汇票的被保证人应是谁？

《商法学》 综合实训模拟四

一、单选题（共45分，每题3分）

1. 企业破产清算期间代表公司参与民事诉讼活动的主体是(　　)。
A. 债权人会议　　　　B. 企业上级主管部门
C. 管理人　　　　　　D. 最大债权人

2. 下列关于票据保证表述正确的是(　　)。
A. 保证人必须是票据债务人以外的第三人
B. 保证人与票据债权人必须签订保证合同
C. 保证人必须是法人
D. 两个以上的保证人按约定承担保证责任

3. 票据背书转让时，属于"可以记载事项"的是(　　)。
A. 背书人签章　　　　B. 被背书人签章
C. 背书生效的条件　　D. "不得转让"字样

4. 商人习惯法形成的主要表现是(　　)。
A. 古代商法　　　　　B. 中世纪商法
C. 近代商法　　　　　D. 现代商法

5. 2008年7月15日，人民法院受理了一件破产申请案，管理人有权请求人民法院予以撤销的债务人的行为是(　　)。
A. 2007年7月14日，债务人无偿转让财产的行为
B. 2007年2月1日，债务人与他人签订买卖合同，以明显不合理的低价处理其财产的行为
C. 2007年7月20日，债务人对没有财产担保的债务提供财产担保的行为
D. 2007年6月1日，债务人宣布放弃对他人的债权的行为

6. 破产财产在优先清偿破产费用和共益债务后，债权清偿的顺序应该是(　　)。
A. 职工债权→国家债权→普通债权
B. 国家债权→职工债权→普通债权
C. 国家债权→普通债权→职工债权
D. 职工债权→普通债权→国家债权

7. 共益债务不包括的内容是(　　)。

A. 因债务人不当得利所产生的债务

B. 因债务人违约所产生的债务

C. 因债务人财产致人损害所产生的债务

D. 因债务人财产受无因管理所产生的债务

8. 票据行为成立后,即使引起票据行为成立的基础关系有瑕疵或者无效,票据行为的效力一般也不因此受到影响,这体现了票据的(　　)。

A. 要式性　　　　　　　　　B. 独立性

C. 文义性　　　　　　　　　D. 无因性

9. 下列关于商法特征表述不正确的是(　　)。

A. 商法体现为国内法兼国际法色彩

B. 商法体现为强制性

C. 商法体现为任意性兼强制性

D. 商法体现为私法性兼公法性

10. 绝对商行为是指依行为的客观性和法律的规定,无条件属于商行为的法律行为。下列行为不属于绝对商行为的是(　　)。

A. 居间代理　　　　　　　　B. 票据行为

C. 证券交易　　　　　　　　D. 保险行为

11. 下列属于有限责任公司股东会行使的职权是(　　)。

A. 决定公司的经营计划和投资方案

B. 对发行公司债券作出决议

C. 选举和更换由职工代表担任的董事

D. 决定公司内部管理机构的设置

12. 我国《公司法》规定的公司设立的原则是(　　)。

A. 自由主义　　　　　　　　B. 特许主义

C. 行政许可主义　　　　　　D. 准则主义为主,行政许可主义为辅

13. 下列关于商号表述正确的是(　　)。

A. 商号是商主体用以代表自己商品的名称

B. 商号受《商标法》的调整和保护

C. 商号是商主体在经营活动中相互区别的外在标志

D. 商号可根据商主体的意愿而被任意选用

14. 下列关于破产宣告表述正确的是(　　)。

A. 破产宣告是债权人依法宣告债务人破产并实施清算的行为

B. 破产宣告是法院依法做出裁定,宣告债务人破产并实施清算的行为

C. 破产宣告后，对破产人的特定财产享有担保权的权利人，对该特定的财产享有普通债权人的权利

D. 破产宣告后，债务人的财产成为破产财产，在一定情况下，破产人仍可以对破产财产进行支配

15. 依据我国《票据法》，下列有关本票与支票的表述正确的是（   ）。

A. 支票可以背书转让

B. 本票的使用包括银行本票和商业本票

C. 本票的基本当事人为出票人、付款人和收款人

D. 支票不限于见票即付

二、多选题（共 15 分，每题 3 分）

1. 下列关于商业登记表述正确的有（   ）。

A. 商业登记是商主体创设、变更、终止其资格的法律行为

B. 商业登记是一种非要式法律行为

C. 商业登记是公法上的行为，但产生私法上的效力

D. 商业登记只是对登记人产生法律效力，对第三人不产生法律效力

2. 商标与商号的主要区别表现在（   ）。

A. 商标是区别同类商品或服务的标志，商号是区别商主体的外在标志

B. 商标属于工业产权，商号是企业具有法律人格的表现

C. 一个商主体可以拥有多个商标，但一个商主体通常不可以拥有多个商号

D. 商标的取得采用自愿注册与强制注册相结合的原则，商号的取得必须依法进行登记

3. 下列哪几项不具有法人资格？（   ）

A. 分公司   B. 外国公司的分支机构

C. 子公司   D. 母公司

4. 向债务人所在地人民法院提出破产清算申请的当事人有（   ）。

A. 债务人   B. 债权人

C. 人民法院   D. 对债务人负有清算责任的人

5. 下列中属于破产财产的有（   ）。

A. 破产宣告时企业所拥有的库存产品

B. 破产债务人抵押给银行的一辆轿车

C. 法院受理破产申请后发现的破产债务人的出资人尚未交付的 40 万

元出资

D. 破产企业某董事占用企业的 3 台空调

三、论述题（20 分）

论述企业维持原则的含义及其具体立法体现。

四、案例题（20 分）

李四与王五签订了一份货物买卖合同，李四从王五处购买价值 10 万元的货物，为付货款，李四开具了一张票面金额为 10 万元的汇票交付王五。汇票承兑后，王五将汇票背书转让给赵六，在赵六将汇票背书转让给孙三时，孙三要求赵六提供保证，赵六请王五（前背书人）在票据上保证后，将汇票背书转让给黄二，黄二请求付款人付款时，发现付款人逃匿。

请回答：

（1）该汇票上的保证是否有效？为什么？

（2）黄二可向哪些人行使什么权利？

（3）若李四与王五签订的合同被认定为无效，李四是否可以以此作为对抗其他人（除王五外）的抗辩事由？为什么？

《商法学》综合实训模拟五

一、单选题（共45分，每题3分）

1. 商法从根本上看属于(　　)。
   A. 伦理性的法　　　　　B. 经济法
   C. 私法　　　　　　　　D. 公法

2. 按我国《公司法》的规定，除法律另有规定外，设立公司采取的一般原则是(　　)。
   A. 自由主义　　　　　　B. 特许主义
   C. 准则主义　　　　　　D. 核准主义

3. 我国公司法未规定的公司形式是(　　)。
   A. 国有独资公司　　　　B. 有限责任公司
   C. 股份有限公司　　　　D. 无限责任公司

4. 下列所作的各种关于公司的分类，哪一种是以公司的信用基础为标准的分类？(　　)
   A. 人合公司与资合公司　B. 母公司与子公司
   C. 总公司与分公司　　　D. 封闭式公司与开放式公司

5. 享有股东投资形成的全部法人财产权的主体是(　　)。
   A. 公司　　　　　　　　B. 全体股东
   C. 全体董事　　　　　　D. 全体职工

6. 公司、合伙企业及独资企业的共同之处是(　　)。
   A. 具有法人资格　　　　B. 有两个以上的投资人
   C. 企业承担有限责任　　D. 属于以营利为目的的经济组织

7. 依照我国公司法，不得作为有限责任公司股东出资的是(　　)。
   A. 货币　　　　　　　　B. 土地使用权
   C. 工业产权　　　　　　D. 劳务

8. 下列选项中，公司不需要进行清算的情形是(　　)。
   A. 公司因被吊销营业执照而解散
   B. 公司股东会决议解散
   C. 公司被吸收合并而解散
   D. 公司破产

9. 依我国法律规定，下列人员中对公司有出资义务的是(　　)。

　　A. 公司发起人　　　　　B. 公司经理

　　C. 公司财务负责人　　　D. 公司董事

10. 破产财产在优先清偿破产费用和共益债务后，债权清偿的顺序应该是(　　)。

　　A. 职工债权→普通债权→国家债权

　　B. 国家债权→职工债权→普通债权

　　C. 国家债权→普通债权→职工债权

　　D. 职工债权→国家债权→普通债权

11. 李某欲自己出资成立一个科技开发有限责任公司，根据我国《公司法》的规定，李某的出资不得少于(　　)。

　　A.3 万元　　　　　　　B.10 万元

　　C.30 万元　　　　　　 D.50 万元

12. 根据我国《公司法》，外国公司是指(　　)。

　　A. 依照外国法律在中国境外设立的公司

　　B. 公司住所地在中国境外的公司

　　C. 公司控股股东为外国人的公司

　　D. 公司经济活动中心在中国境外的公司

13. 按我国《公司法》规定，成立后的公司，其增资决定权属于(　　)。

　　A. 发起人　　　　　　　B. 股东会

　　C. 董事会　　　　　　　D. 总经理

14. 2008 年 7 月 15 日，人民法院受理了一件破产申请案，管理人有权请求人民法院予以撤销的债务人的行为是(　　)。

　　A.2007 年 7 月 14 日，债务人无偿转让财产的行为

　　B.2007 年 2 月 1 日，债务人与他人签订买卖合同，以明显不合理的低价处理其财产的行为

　　C.2007 年 7 月 20 日，债务人对没有财产担保的债务提供财产担保的行为

　　D.2007 年 6 月 1 日，债务人宣布放弃对他人的债权的行为

15. 企业破产清算期间代表公司参与民事诉讼活动的主体是(　　)。

　　A. 债权人会议　　　　　B. 企业上级主管部门

　　C. 管理人　　　　　　　D. 最大债权人

二、多选题（共 15 分，每题 3 分）

1. 下列哪几项不具有法人资格？（   ）

A. 分公司   B. 外国公司的分支机构

C. 子公司   D. 母公司

2. 公司的法人性是指（   ）。

A. 公司的独立责任分离于股东的责任

B. 股东以个人的财产对公司的债务承担无限责任

C. 股东对公司的债务不直接承担责任

D. 在公司存续期间，股东可以抽回自己的出资

3. 下列中属于破产财产的有（   ）。

A. 破产企业某董事占用企业 5 台空调

B. 破产债务人抵押给银行的一辆轿车

C. 法院受理破产申请后发现的破产债务人的出资人尚未交付的 50 万元出资

D. 破产宣告时企业所拥有的库存产品

4. 下列有关重整制度的表述，说法正确的是（   ）。

A. 在重整期间，对债务人的特定财产享有的担保权暂停行使

B. 担保物有损坏或者价值明显减少的可能，足以危害担保权人权利的，担保权人可以向人民法院请求恢复行使担保权

C. 在重整期间，债务人或者管理人为继续营业而借款的，可以为该借款设定担保

D. 在重整期间，债务人的出资人可以请求投资收益分配

5. 下列有关我国破产或破产法的说法，正确的是（   ）。

A. 破产法是集实体性规范和程序性规范于一体的综合性的法律

B. 破产程序实际上是一种概括的强制执行程序

C. 在破产法中，不能清偿与资不抵债是同一个概念

D. 在我国，非企业的公法人和公益法人均无破产能力

三、论述题（20 分）

谈谈有限责任公司具有哪些特征。

四、案例题（20 分）

案情：2000 年 1 月 16 日，甲公司与乙公司签订了一份电视购销合同，双方约定：由乙公司向甲公司供应电视 200 台，价款为 25 万元，交货期为 2000 年 1 月 25 日，货款结算后即付 3 个月的商业承兑汇票。1 月 24 日，甲公司向乙公司签发并承兑商业汇票一张，金额为 25 万元，到期日为 2000 年 4 月 24 日。2 月 10 日，乙公司持该汇票向丙银行申请贴现，丙银行审核后同意贴现，向乙公司实付贴现金额 23.6 万元，乙公司将汇票背书转让给丙银行。该商业汇票到期后，丙银行持甲公司承兑的汇票提示付款，因该公司银行存款不足而遭退票。丙银行遂直接向甲公司交涉票款。甲公司以乙公司未履行合同为由不予付款。2000 年 11 月 2 日，丙银行又向其前手乙公司追索票款，亦未果。为此，丙银行诉至法院，要求汇票的承兑人甲公司偿付票款 25 万元及利息；要求乙公司承担连带赔偿责任。甲公司辩称，论争的商业承兑汇票确系由其签发并经承兑，但乙公司未履行合同，有骗取票据之嫌，故拒绝支付票款。乙公司辩称，原合同约定的履行期太短，无法按期交货，可以延期交货，但汇票追索时效已过了 6 个月，丙银行不能要求其承担连带责任。

问题：（1）甲公司是否应履行付款责任？为什么？

（2）乙公司应否承担连带责任？为什么？

《商法学》综合实训模拟参考答案

《商法学》综合实训模拟一参考答案

一、单选题（共45分，每题3分）

1. C　2. B　3. D　4. C　5. B
6. A　7. D　8. C　9. C　10. D
11. A　12. A　13. D　14. A　15. A

二、多选题（共15分，每题3分）

1. ACD　2. CD　3. ABC　4. ACD　5. ABC

三、论述题（20分）

（1）公示主义：交易当事人对于涉及利害关系人利益的营业上的事实，负有公示告知义务的法律要求。（6分）

（2）外观主义：交易行为的效果以交易当事人行为的外观为准。（7分）

（3）加重责任：对商行为的实施主体设定更为严格的义务与责任的制度。（7分）

四、案例题（20分）

（1）A是汇票的付款人，是汇票当事人。（6分）

（2）A有权拒绝承兑。（7分）

（3）乙无权要求A承担责任，付款人在承兑前不承担票据债务。（7分）

《商法学》综合实训模拟二参考答案

一、单选题（共45分，每题3分）

1. D　2. C　3. B　4. B　5. D
6. C　7. C　8. C　9. D　10. A
11. D　12. C　13. B　14. A　15. A

二、多选题（共15分，每题3分）

1. AB　2. ABD　3. AC　4. ABD　5. ABD

三、论述题（20分）

（1）公司的营利性。公司利润分配给投资者才是最终目的。（5分）
（2）公司的社团性。一人公司是其例外。（5分）
（3）公司的法人性。（5分）
（4）公司的法定性。（5分）

四、案例题（20分）

（1）甲无权提出退股。不得抽回出资是股东的法定义务。（6分）
（2）甲对外转让股权，必须通知其他股东，经过其他股东过半数同意，且其他股东在同等条件下有优先购买权。（7分）
（3）甲要对公司承担资本充实责任，并对其他股东承担违约责任。（7分）

《商法学》综合实训模拟三参考答案

一、单选题（共45分，每题3分）

1. B　2. C　3. D　4. D　5. D
6. D　7. C　8. D　9. B　10. D
11. C　12. A　13. D　14. D　15. B

二、多选题（共 15 分，每题 3 分）

1. ACD   2. ACE   3. CD   4. ACD   5. ABC

三、论述题（20 分）

（1）法律功能不同。（7 分）
（2）申请人不同。（6 分）
（3）有担保权的债权的法律地位不同。（7 分）

四、案例题（20 分）

（1）承兑无效。（6 分）
（2）方某、赵某、王某，金额包括被拒绝付款的汇票金额及其利息、取得拒绝证明和发出通知的费用。（7 分）
（3）以出票人为被保证人。（7 分）

《商法学》综合实训模拟四参考答案

一、单选题（共 45 分，每题 3 分）

1. C   2. A   3. D   4. B   5. C
6. A   7. B   8. D   9. B   10. A
11. B   12. D   13. C   14. B   15. A

二、多选题（共 15 分，每题 3 分）

1. AC   2. ABCD   3. AB   4. ABD   5. ACD

三、论述题（20 分）

企业维持原则指现代商法通过各种法律制度确保企业组织得以稳定、协调和健康发展，尤其是通过各种制度安排尽力维持其存续。（7 分）
如公司设立瑕疵允许继续保留其法律人格。（7 分）
破产重整与和解制度（6 分）

四、案例题（20分）

（1）无效，因王五是汇票的债务人，不能为保证人。（6分）

（2）黄二可向赵六、孙三、王五、李四行使追索权。（7分）

（3）不能作为对抗其他人的抗辩事由，因票据具有无因性，基础关系与票据关系分离。（7分）

《商法学》综合实训模拟五参考答案

一、单选题（共45分，每题3分）

1.C 2.C 3.D 4.C 5.A

6.D 7.D 8.C 9.A 10.D

11.B 12.A 13.B 14.C 15.C

二、多选题（共15分，每题3分）

1.AB 2.ACB 3.ACD 4.ABC 5.ABD

三、论述题（20分）

（1）股东责任的有限性。（3分）

（2）股东出资的非股份性。（3分）

（3）公司资本的封闭性。（3分）

（4）股东人数的限制性。（3分）

（5）公司组织的简便性。（4分）

（6）公司具有一定人合因素。（4分）

四、案例题（20分）

（1）甲公司应当履行付款责任。因为在本案中，甲公司作为承兑人（其同时也是出票人）以乙公司未履行合同为由拒付票款，该抗辩事由只是对乙公司的抗辩事由，不得对抗善意持票人。丙银行通过贴现，支付了相应的对价，经原持票人背书后成为新的善意持票人，享有票据权利。丙银行在付款期间提示付款，甲公司不能与持票人的前手即乙公司的抗辩事由来对抗丙银行，甲公司应履行其付款责任。（10分）

（2）乙公司不负担连带责任。因为丙银行的追索权时效已届满。我国票据法规定背书人以背书转让票据后，即承担保证其后手所持汇票承兑和付款的责任。但是，背书人在汇票得不到承兑或付款时，应当及时向持票人清偿依法被追索和现追索的金额和费用。被背书人需在拒付之日起的规定期间即 6 个月内行使追索权，否则将丧失对于前手的追索权。所以，在本案中，讼争的商业承兑汇票在 2000 年 4 月 24 日被拒付后，丙银行有权在法定期间内向前手即背书人乙公司行使追索权，但丙银行并未及时行使这一权利，直到 2000 年 11 月 2 日才对前手进行追索，已超过了法律规定的 6 个月的追索时效。因此乙公司不需承担连带责任。（10 分）

第五章 《民事诉讼法学》综合实训模拟

《民事诉讼法学》综合实训模拟一

一、单项选择题（共20分，每题1分）

1. 以下选项中，不属于民事纠纷特点的是（　　）。

A. 发生纠纷的主体是自然人

B. 民事纠纷主体之间法律地位平等

C. 民事纠纷的内容是对民事权利义务的争议

D. 民事纠纷多数具有可处分性

2. 民事诉讼法适用的空间范围是（　　）。

A. 在我国领域内进行的民事诉讼

B. 我国法院具有管辖权的民事案件

C. 在我国领域内发生的民事诉讼

D. 中国公民、法人或其他组织为一方当事人的民事案件

3. 张三与李四订立借款合同，后来因为张三不愿意再借钱给李四，为此双方发生争议，李四起诉至人民法院。人民法院由甲、乙、丙三名审判员组成合议庭，并由丁担任书记员。在开庭审理过程中，李四突然得知审判员丙是张三的弟弟，于是申请丙回避。对此应当由（　　）决定。

A. 庭长　　　　　　　　B. 审判长

C. 院长　　　　　　　　D. 审判委员会

4. 在一起民事纠纷中，原告甲的户籍所在地为 A 县，其自 2000 年 6 月开始居住于 B 县。被告乙于 2000 年 9 月将其户籍从 A 县迁出，在 C 县居住了半年后，又至 D 县打工至今，此间一直没有落户籍。对此案有管辖

权的一审法院是（　　　）。

　　A. A 县人民法院　　　　　B. B 县人民法院

　　C. C 县人民法院　　　　　D. D 县人民法院

5. 下列案件中，当事人申请以后法院可以不公开审理的是（　　　）。

　　A. 涉及个人隐私案件　　　B. 涉及国家机密案件

　　C. 离婚案件　　　　　　　D. 继承案件

6. 下列关于民事诉讼证据种类运用的表述，哪一个是正确的？（　　　）

　　A. 当事人对自己的主张只有本人陈述而不能提出其他相应证据时，如果当事人具有诉讼行为能力且陈述前后一致，则法院可以支持其主张

　　B. 鉴定结论可以是法院委托鉴定机构对专业问题出具的报告，也可以是当事人委托专业机构对专业问题出具的报告

　　C. 与一方当事人有亲属关系的证人出具的不利于该当事人的证人证言可以单独作为认定案件事实的依据

　　D. 视听资料不得独立作为认定案件事实的依据

7. 民事诉讼中的期间，是指（　　　）。

　　A. 当事人及其他诉讼参与人与法院会合实施诉讼行为的期限

　　B. 法院完成诉讼行为所必须遵守的期限

　　C. 当事人和其他诉讼参与人完成诉讼行为所必须遵守的期限

　　D. 法院、当事人和其他诉讼参与人各自单独为某种诉讼行为所必须遵守的期限

8. 下列妨害民事诉讼的强制措施中，无需院长批准的是（　　　）。

　　A. 拘传　　　　　　　　　B. 责令退出法庭

　　C. 罚款　　　　　　　　　D. 拘留

9. 依民事诉讼法规定，下列关于起诉主体条件的表述，正确的是（　　　）。

　　A. 原告和被告是与本案有直接利害关系的公民、法人或其他组织

　　B. 原告是与本案有直接利害关系的公民、法人或其他组织，有明确的被告

　　C. 被告是与本案有直接利害关系的公民、法人或其他组织，有明确的原告

　　D. 被告是与本案有直接利害关系的公民、法人或其他组织，有明确的原告和被告

10. 在诉讼中，为了保证将来生效判决能够得以执行，根据当事人的申请，或人民法院依职权对当事人有关财产可采取的强制性保护措施的制

度是(　　　)。

    A. 先予执行　　　　　　　B. 强制执行

    C. 财产保全　　　　　　　D. 证据保全

11. 地方各级人民检察院发现同级人民法院做出的生效判决有错误的，应当(　　　)。

    A. 提请上级检察院提起抗诉

    B. 告知当事人申请再审

    C. 直接向该法院提起抗诉

    D. 直接向上一级法院提起抗诉

12. 东山区人民法院经调解解决了甲与乙之间的民事纠纷，并于1999年3月1日做出了调解书。后法院于同年3月5日将调解书送达给甲签收；次日将调解书送达给乙签收。本案调解书生效日期为哪一天？(　　　)

    A. 1999年3月1日　　　　B. 1999年3月6日

    C. 1999年3月8日　　　　D. 1999年3月5日

13. 再审案件的合议庭组成方式是(　　　)。

    A. 原来是第一审的，按照第一审程序另行组成合议庭；原来是第二审的或者上级法院提审的，按照第二审程序另行组成合议庭

    B. 原来是第一审的，按照第一审程序另行组成合议庭；原来是第二审的，按照第二审程序另行组成合议庭，上级法院提审的仍应按照第一审程序组成合议庭

    C. 应按第一审程序另行组成合议庭

    D. 应按第二审程序另行组成合议庭

14. 在公示催告程序中，下列属于法院做出除权判决的条件之一的是(　　　)。

    A. 由法院依职权做出

    B. 公示催告申请人提出申请

    C. 利害关系人权利申报成立

    D. 必须在公示催告期满后一个月内做出

15. 下列关于债务人提出支付令异议的说法，正确的是(　　　)。

    A. 支付令异议必须在收到支付令之日起30日内提出

    B. 支付令异议必须以书面形式提出

    C. 法院须审查异议是否有理由

    D. 支付令异议的内容必须是说明能否清偿债务

16. 凡是发生在本省辖区内有重大影响的第一审民事案件，由(　　　)。

A. 中级人民法院管辖 　　B. 中级或者高级人民法院管辖

C. 高级人民法院管辖 　　D. 最高人民法院管辖

17. 一方当事人死亡，需要等待继承人表明是否参加诉讼的，应当(　　)。

A. 诉讼终结 　　B. 延期审理

C. 诉讼中止 　　D. 撤销案件

18. 督促程序自然终结的情形是(　　)。

A. 债务人在支付令送达之日起 15 日内提出异议

B. 债务人在支付令送达之日起 15 日内既不清偿债务又不提出异议

C. 法院受理支付令申请后，债权人就同一债权关系又提起诉讼

D. 人民法院受理支付令申请后在一定期限内无法将支付令送达债务人

19. 下列关于简易程序与特别程序的表述，哪个说法是正确的?(　　)

A. 两者均由基层人民法院管辖

B. 两者都实行独任制

C. 两者均实行一审终审制

D. 两者均无答辩程序

20. 执行过程中，申请执行人甲公司被撤销，尚未确定权利义务承受人，人民法院应当(　　)。

A. 裁定终结执行 　　B. 裁定中止执行

C. 撤销执行案件 　　D. 继续执行甲公司的剩余财产

二、多项选择题（共 20 分，每题 2 分）

1. 下列案件中，属于人民法院主管范围的有(　　)。

A. 甲与乙因买卖合同发生纠纷

B. 甲与乙因继承遗产发生纠纷

C. 甲与乙因房屋产权归属发生纠纷

D. 甲因未在单位晋升当上处长而与领导发生纠纷

E. 甲因未能评上三好学生而与老师发生纠纷

2. 关于当事人，以下说法正确的是(　　)。

A. 未成年人、精神病患者可以作为民事诉讼的当事人

B. 不是法人的组织不可以作为民事诉讼的当事人

C. 在诉讼过程中，发生诉讼义务承担的，原来进行的诉讼对新的当事人不发生法律效力，诉讼重新进行

D. 广义上的当事人包括诉讼代表人

E. 当事人以自己的行为亲自进行诉讼活动除必须具有诉讼权利能力外，还必须具有诉讼行为能力

3. 委托诉讼代理人的委托代理权消灭的原因有（　　）。

A. 诉讼终结，代理人完成代理任务

B. 被代理人死亡

C. 代理人丧失诉讼行为能力

D. 委托人解除委托

E. 委托代理人辞去代理

4. 属于专属管辖的案件有（　　）。

A. 合同纠纷案件　　　　B. 不动产纠纷案件

C. 继承纠纷案件　　　　D. 港口作业发生纠纷的案件

E. 侵权损害赔偿案件

5. 下列对妨害民事诉讼的强制措施中，应当由院长批准的有（　　）。

A. 拘传　　　　　　　B. 训诫

C. 责令退出法庭　　　D. 罚款　　　　E. 拘留

6. 下面哪种判决属于立即生效的判决？（　　）

A. 最高人民法院的一审判决

B. 提审后做出的判决

C. 发回重审做出的判决

D. 二审法院对上诉案件的判决

E. 按特别程序审理做出的判决

7. 下列案件中，人民法院应当受理的是（　　）。

A. 甲起诉乙支付拖欠的货款5万元，但已超过诉讼时效

B. 甲诉乙离婚，法院于2004年3月判决不准离婚；2004年12月乙起诉甲，请求离婚

C. 某女甲已怀孕7个月，因丈夫乙有外遇，甲起诉乙，请求离婚

D. 李某下落不明3年，其妻子不申请宣告失踪，直接起诉离婚

E. 甲村民想承包本村鱼塘，故起诉乙村民，请求判决解除乙村民与本村村委会的鱼塘承包合同

8. 下列案件中，裁判发生效力后仍可另行起诉的有（　　）。

A. 李某向其子索要赡养费，法院判决已生效，但因物价飞涨，李某要求增加赡养费数额

B. 赵某的离婚请求被法院判决驳回，判决生效6个月后赵某再次提出

离婚请求

C. 原告王某接到法院出庭传票后，无正当理由拒不到庭，法院按撤诉处理后，王某再次起诉的

D. 原告周某申请撤诉，法院准予撤诉后，周某再次起诉

E. 判决何某与其妻离婚后，当事人就判决书中未对其婚姻存续期间购买的一幢别墅的归属做出确认的事项，另行起诉的

9. 在民事诉讼中，被告对原告提出的侵权事实予以否认的，应当由被告负责举证的有(　　　)。

A. 因新产品制造方法发明专利引起的专利侵权诉讼

B. 因环境污染引起的损害赔偿诉讼

C. 高度危险作业致人损害的侵权诉讼

D. 饲养动物致人损害的侵权诉讼

E. 因缺陷产品致人损害的侵权诉讼

10. 在执行中当事人达成执行和解协议后反悔的情况下，以下表述正确的是(　　　)。

A. 和解协议尚未履行完毕的，执行申请人可以申请恢复执行

B. 和解协议已经履行完毕的，执行申请人申请恢复执行的，法院应当不予准许

C. 执行因达成和解协议而不能申请恢复执行

D. 当事人只能申请再审

E. 当事人只能另行起诉

三、概念辨析题（共 20 分，每题 10 分）

1. 法院调解与当事人和解

2. 裁定不予受理与裁定驳回起诉

四、简述题（共20分，每题10分）

1. 简述民事诉讼证明责任的分配规则。

2. 简述二审人民法院对上诉案件的审理范围及方式。

五、案例分析（共20分，每题10分）

1. 1994年11月3日，红星中学初中二年级学生王文上体育课时不遵守纪律，又未按老师周通的示范规则操作，周通一气之下扇了王文两个耳光，又在王的肚子上踢了几脚。王文当时鼻子出血，一颗牙齿脱落。此后王连续两天感到头晕，其母赵某带其到市医院检查，医院诊断为脑神经轻微损伤，需长期治疗。赵某拟向人民法院起诉，要求周通赔偿。

（1）本案应以谁为被告？为什么？（2分）

（2）一审开庭时，原告提供了医院出具的诊疗记录及出诊医生的预估医疗费作为证据，人民法院认为证据不足，对王文的伤势应经专门机构鉴定，对此应如何处理？（2分）

（3）人民法院重新开庭审理时，被告申请审判长董立回避，因为原告聘请的律师张欣与董立是大学同学。对此应如何处理？（3分）

（4）人民法院经过调查，查明董立与张欣5年前毕业于同一大学的同一个系，但在校期间交往平平，毕业之后也没有多少联系，驳回被告的回避申请。被告不服，可以采取什么措施？人民法院应做出什么反应？（3分）

2. 1999 年 1 月至 4 月底，某县交通局下属运输公司为某街道办事处下属营销处承运煤炭，产生运杂费 51319.15 元，已支付 23286.75 元，尚欠 28032.40 元。交通局曾多次向营销处催要但遭拒付，后来找其主管单位街道办事处，但该街道办事处采取不合作的态度，使拖欠运杂费的问题一直未能解决。于是交通局向某县人民法院提起诉讼，请求法院判令街道办事处支付运杂费。受诉法院根据上述事实，判决被告清偿原告运杂费 28032.40 元，诉讼费 596 元由被告承担。街道办事处不服该县人民法院的判决，向二审法院提起上诉。该法院依法组成合议庭审理了本案。经审理，人民法院认为：原判决认定事实清楚，适用法律正确，判决驳回上诉，维持原判决。被告仍不服，向高级人民法院申请再审。高级人民法院经过复查认为：原一审、二审判决确有错误，于是裁定撤销原判决，将案件发回原一审人民法院重审。原一审人民法院决定仍由原合议庭组成人员审理本案。

（1）本案中，再审人民法院能否指定原一审人民法院再审？（2分）

（2）高级人民法院决定再审时能否同时撤销原判决？（3分）

（3）再审程序中，原一审人民法院的合议庭组成是否合法？（2分）

（4）如果一审判决后，街道办事处没有上诉，而是等到上诉期满以后申请再审，在此种情况下，中级人民法院受理后应当依何种程序处理？（3分）

《民事诉讼法学》综合实训模拟二

一、单项选择题（共20分，每题1分）

1. 关于诉的分类的表述，下列哪一选项是正确的？（   ）

A. 孙某向法院申请确认其妻无民事行为能力，属于确认之诉

B. 周某向法院申请宣告自己与吴某的婚姻无效，属于变更之诉

C. 张某在与王某协议离婚后，又向法院起诉，主张离婚损害赔偿，属于给付之诉

D. 赵某代理女儿向法院诉请前妻将抚养费从每月1000元增加为2000元，属于给付之诉

2. 关于当事人能力和正当当事人的表述，下列哪一选项是正确的？（   ）

A. 一般而言，应以当事人是否对诉讼标的有确认利益，作为判断当事人适格与否的标准

B. 一般而言，诉讼标的的主体即是本案的正当当事人

C. 未成年人均不具有诉讼行为能力

D. 破产企业清算组对破产企业财产享有管理权，可以该企业的名义起诉或应诉

3. 关于辩论原则的表述，下列正确的是（   ）。

A. 当事人辩论权的行使仅局限于一审程序中开庭审理的法庭调查和法庭辩论阶段

B. 当事人向法院提出起诉状和答辩状不是其行使辩论权的一种表现

C. 证人出庭陈述证言是证人行使辩论权的一种表现

D. 督促程序不适用辩论原则

4. 对于调解制度，下列理解错误的是（   ）。

A. 人民法院进行调解，必须遵循自愿、合法的原则

B. 调解既可适用于一审程序，也可适用于二审及再审程序

C. 当事人对生效的调解书不能提出上诉

D. 当事人对生效的调解书不能以任何理由申请再审

5. 关于回避，下列说法正确的是（   ）。

A. 当事人申请担任审判长的审判人员回避的，应由审委会决定

B. 当事人申请陪审员回避的，应由审判长决定

C. 法院驳回当事人的回避申请，当事人不服而申请复议，复议期间被申请回避人不停止参与本案的工作

D. 当事人申请法院翻译人员回避，可由合议庭决定

6. 关于法院的送达行为，下列哪一选项是正确的？（　　　）

A. 陈某以马某不具有选民资格向法院提起诉讼，由于马某拒不签收判决书，法院向其留置送达

B. 法院通过邮寄方式向葛某送达开庭传票，葛某未寄回送达回证，送达无效，应当重新送达

C. 法院在审理张某和赵某借款纠纷时，委托赵某所在学校代为送达起诉状副本和应诉通知

D. 经许某同意，法院用电子邮件方式向其送达证据保全裁定书

7. 下列属于法院处理特定事项的形式的是（　　　）。

A. 判决　　　　　　　　B. 裁定

C. 调解　　　　　　　　D. 命令

8. 下列案件中属于专属管辖的是（　　　）。

A. 因借款纠纷提起的诉讼

B. 因不动产纠纷提起的诉讼

C. 因侵权行为提起的诉讼

D. 因合同纠纷提起的诉讼

9. 调解书生效的时间是（　　　）。

A. 一方当事人签收后　　B. 人民法院在调解书上盖章后

C. 调解书制作出来后　　D. 双方当事人签收后

10. 关于简易程序的简便性，下列哪一表述是不正确的？（　　　）

A. 受理程序简便，可以当即受理，当即审理

B. 审判程序简便，可以不按法庭调查、法庭辩论的顺序进行

C. 庭审笔录简便，可以不记录诉讼权利义务的告知、原被告的诉辩意见等通常性程序内容

D. 裁判文书简便，可以简化裁判文书的事实认定或判决理由部分

11. 下列哪一选项中法院的审判行为，只能发生在开庭审理阶段？（　　　）

A. 送达法律文书

B. 组织当事人进行质证

C. 调解纠纷，促进当事人达成和解

D. 追加必须参加诉讼的当事人

12. 何某因被田某打伤，向甲县法院提起人身损害赔偿之诉，法院予以受理。关于何某起诉行为将产生的法律后果，下列哪一选项是正确的？（   ）

A. 何某的诉讼时效中断

B. 田某的答辩期开始起算

C. 甲县法院取得排他的管辖权

D. 田某成为适格被告

13. 关于民事诉讼基本原则的表述，下列哪一选项是正确的？（   ）

A. 外国人在我国进行民事诉讼时，与中国人享有同等的诉讼权利义务，体现了当事人诉讼权利平等原则

B. 法院未根据当事人的自认进行事实认定，违背了处分原则

C. 当事人主张的法律关系与法院根据案件事实做出的认定不一致时，根据处分原则，当事人可以变更诉讼请求

D. 环保组织向法院提起公益诉讼，体现了支持起诉原则

14. 甲对乙享有 10 万元到期债权，乙无力清偿，且怠于行使对丙的 15 万元债权，甲遂对丙提起代位权诉讼，法院依法追加乙为第三人。一审判决甲胜诉，丙应向甲给付 10 万元。乙、丙均提起上诉，乙请求法院判令丙向其支付剩余 5 万元债务，丙请求法院判令甲对乙的债权不成立。关于二审当事人地位的表述，下列哪一选项是正确的？（   ）

A. 丙是上诉人，甲是被上诉人

B. 乙、丙是上诉人，甲是被上诉人

C. 乙是上诉人，甲、丙是被上诉人

D. 丙是上诉人，甲、乙是被上诉人

15. 唐某作为技术人员参与了甲公司一项新产品研发，并与该公司签订了为期 2 年的服务与保密合同。合同履行 1 年后，唐某被甲公司的竞争对手乙公司高薪挖走，负责开发类似的产品。甲公司起诉至法院，要求唐某承担违约责任并保守其原知晓的产品。关于该案的审判，下列哪一说法是正确的？（   ）

A. 只有在唐某与甲公司共同提出申请不公开审理此案的情况下，法院才可以不公开审理

B. 根据法律的规定，该案不应当公开审理，但应当公开宣判

C. 法院可以根据当事人的申请不公开审理此案，但应当公开宣判

D. 法院应当公开审理此案并公开宣判

16. 下列案件中，当事人可以申请先予执行的是(　　)。

A. 甲诉乙返还借款案

B. 甲诉乙名誉侵权损害赔偿案

C. 甲诉乙支付医疗费用案

D. 甲诉乙支付租金案

17. 对于人民法院制作的支付令，债务人不服，可以(　　)。

A. 提起上诉　　　　　　　　B. 提出异议

C. 可以要求复议　　　　　　D. 可以申请再审

18. 甲下落不明满4年，其子乙申请人民法院宣告其死亡，其女丙不同意宣告死亡，人民法院(　　)。

A. 应宣告死亡　　　　　　　B. 应宣告失踪

C. 不应宣告死亡　　　　　　D. 不予受理

19. 民事诉讼法规定，除有特殊情况需要延长期限外，人民法院适用普通程序审理一审民事案件的审限是(　　)。

A. 3个月　　　　　　　　　B. 6个月

C. 9个月　　　　　　　　　D. 1年

20. 离婚案件一方当事人死亡，人民法院应当(　　)。

A. 裁定终结诉讼　　　　　　B. 裁定中止诉讼

C. 延期审理　　　　　　　　D. 判决离婚

二、多项选择题（共20分，每题2分）

1. 关于管辖制度的表述，下列哪些选项是不正确的？(　　)

A. 对下落不明或者宣告失踪的人提起的民事诉讼，均应由原告住所地法院管辖

B. 因共同海损或者其他海损事故请求损害赔偿提起的诉讼，被告住所地法院享有管辖权

C. 甲区法院受理某技术转让合同纠纷案后，发现自己没有级别管辖权，将案件移送至甲市中院审理，这属于管辖权的转移

D. 当事人可以书面约定纠纷的管辖法院，这属于选择管辖

2. 甲向大恒银行借款100万元，乙承担连带保证责任，甲到期未能归还借款，大恒银行向法院起诉甲乙二人，要求其履行债务。关于诉的合并和共同诉讼的判断，下列哪些选项是正确的？(　　)

A. 本案属于诉的主体的合并

B. 本案属于诉的客体的合并

C. 本案属于必要共同诉讼

D. 本案属于普通共同诉讼

3. 下列哪些情况下，法院不应受理当事人的上诉请求？（　　　）

A. 宋某和卢某借款纠纷一案，卢某终审败诉，宋某向区法院申请执行，卢某提出执行管辖异议，区法院裁定驳回卢某异议。卢某提起上诉

B. 曹某向市中院诉刘某侵犯其专利权，要求赔偿损失 1 元钱，中院驳回其请求。曹某提起上诉

C. 孙某将朱某打伤，经当地人民调解委员会调解达成协议，并申请法院进行了司法确认。后朱某反悔提起上诉

D. 尹某诉与林某离婚，法院审查中发现二人系禁婚的近亲属，遂判决二人婚姻无效。尹某提起上诉

4. 关于反诉，下列哪些表述是正确的？（　　　）

A. 反诉的原告只能是本诉的被告

B. 反诉与本诉必须适用同一种诉讼程序

C. 反诉必须在答辩期届满前提出

D. 反诉与本诉之间须存在牵连关系，因此必须源于同一法律关系

5. 周某因合同纠纷起诉，甲省乙市的两级法院均驳回其诉讼请求。周某申请再审，但被驳回。周某又向检察院申请抗诉，检察院以原审主要证据系伪造为由提出抗诉，法院裁定再审。关于启动再审的表述，下列哪些说法是不正确的？（　　　）

A. 周某只应向甲省高院申请再审

B. 检察院抗诉后，应当由接受抗诉的法院审查后，做出是否再审的裁定

C. 法院应当在裁定再审的同时，裁定撤销原判

D. 法院应当在裁定再审的同时，裁定中止执行

6. 韩某起诉翔鹭公司要求其依约交付电脑，并支付迟延履行违约金 5 万元。经县市两级法院审理，韩某均胜诉。后翔鹭公司以原审适用法律错误为由申请再审，省高院裁定再审后，韩某变更诉讼请求为解除合同，支付迟延履行违约金 10 万元。再审法院最终维持原判。关于再审程序的表述，下列哪些选项是正确的？（　　　）

A. 省高院可以亲自提审，提审应当适用二审程序

B. 省高院可以指令原审法院再审，原审法院再审时应当适用一审程序

C. 再审法院对韩某变更后的请求应当不予审查

D. 对于维持原判的再审裁判，韩某认为有错误的，可以向检察院申请

抗诉

7. 甲区 A 公司将位于丙市价值 5000 万元的写字楼转让给乙区的 B 公司。后双方发生争议，经丁区人民调解委员会调解达成协议：B 公司在 1 个月内支付购房款。双方又对该协议申请法院做出了司法确认裁定。关于本案及司法确认的表述，下列哪些选项是不正确的？（   ）

A. 应由丙市中级人民法院管辖

B. 可由乙区法院管辖

C. 应由一名审判员组成合议庭，开庭审理司法确认申请

D. 本案的调解协议和司法确认裁定，均具有既判力

8. 胡某向法院申请支付令，督促彗星公司缴纳房租。彗星公司收到后立即提出书面异议称根据租赁合同，彗星公司的装修款可以抵销租金，因而自己并不拖欠租金。对于法院收到该异议后的做法，下列哪些选项是正确的？（   ）

A. 对双方进行调解，促进纠纷的解决

B. 终结督促程序

C. 将案件转为诉讼程序审理，但彗星公司不同意的除外

D. 将案件转为诉讼程序审理，但胡某不同意的除外

9. 高某诉张某合同纠纷案，终审高某败诉。高某向检察院反映，其在一审中提交了偷录双方谈判过程的录音带，其中有张某承认货物存在严重质量问题的陈述，足以推翻原判，但法院从未组织质证。对此，检察院提起抗诉。关于再审程序中证据的表述，下列哪些选项是正确的？（   ）

A. 再审质证应当由高某、张某和检察院共同进行

B. 该录音带属于电子数据，高某应当提交证据原件进行质证

C. 虽然该录音带系高某偷录，但仍可作为质证对象

D. 如再审法院认定该录音带涉及商业秘密，应当依职权决定不公开质证

10. 甲公司因遗失汇票，向 A 市 B 区法院申请公示催告。在公示催告期间，乙公司向 B 区法院申报权利。关于本案，下列哪些说法是正确的？（   ）

A. 对乙公司的申报，法院只就申报的汇票与甲公司申请公示催告的汇票是否一致进行形式审查，不进行权利归属的实质审查

B. 乙公司申报权利时，法院应当组织双方当事人进行法庭调查与辩论

C. 乙公司申报权利时，法院应当组成合议庭审理

D. 乙公司申报权利成立时，法院应当裁定终结公示催告程序

三、概念辨析题（共 20 分，每题 10 分）

1. 诉权与诉讼权利

2. 必要共同诉讼与普通共同诉讼

四、简述题（共 20 分，每题 10 分）

1. 简述民事诉讼中的辩论原则。

2. 简述我国民事诉讼中的法院调解制度。

五、案例分析（共 20 分，每题 10 分）

1. 甲市 A 区的王一驾车以 60 公里时速在甲市 B 区行驶，突遇居住在甲市 C 区的刘二骑自行车横穿马路,王一紧急刹车,刘二在车前倒地受伤,被送往甲市 B 区医院治疗,疗效一般,留有一定后遗症。之后,双方就王一开车是否撞倒刘二,以及相关赔偿事宜发生争执,无法达成协议。

刘二诉至法院,主张自己被王一开车撞伤,要求赔偿。刘二提交的证据包括:甲市 B 区交警大队的交通事故处理认定书(该认定书没有对刘某倒地受伤是否为王一开车所致做出认定)、医院的诊断书(复印件)、处方(复印件)、药费和住院费的发票等。王一提交了自己在事故现场用数码摄像机拍摄的车与刘二倒地后状态的视频资料。图像显示,刘二倒地位置与王一车距离 1 米左右。王一以该证据证明其车没有撞倒刘某。

一审中,双方争执焦点为:刘二倒地受伤是否为王一驾车撞倒所致;刘二所留后遗症是否因医疗措施不当所致。

法院审理后,无法确定王一的车是否撞倒刘某。一审法院认为,王一的车是否撞倒刘二无法确定,但即使王一的车没有撞倒刘二,由于王某车型较大、车速较快、刹车突然、刹车声音刺耳等原因,足以使刘二受到惊吓而从自行车上摔倒受伤。因此,王一应当对刘二受伤承担相应责任。同时,刘二因违反交通规则,对其受伤也应当承担相应责任。据此,法院判决:王一对刘二的经济损失承担 50% 的赔偿责任。关于刘二受伤后留下后遗症问题,一审法院没有做出说明。

王一不服一审判决,提起上诉。二审法院审理后认为,综合各种证据,认定王一的车撞倒刘二,致其受伤。同时,二审法院认为,一审法院关于双方当事人就事故的经济责任分担符合法律原则和规定。故此,二审法院驳回王一上诉,维持原判。问:

(1) 对刘二提起的损害赔偿诉讼,哪个(些)法院有管辖权?为什么?

(2) 本案所列当事人提供的证据,属于法律规定中的哪种证据?属于理论上的哪类证据?

(3) 根据民事诉讼法学相关原理,一审法院判决是否存在问题?为什么?

(4) 根据《民事诉讼法》有关规定,二审法院判决是否存在问题?为什么?

2. 王一、刘二、张三分别于 2012 年 11 月与 A 司考培训公司签订了培训合同。在合同履行过程中双方发生了纠纷，王一、刘二于 2013 年 9 月向甲市 B 区人民法院提起诉讼，请求确认合同无效，要求被告 A 公司返还王一、刘二各自所交的保证金 2 万元，退还所交学费及各种其他费用 1 万元，并要求赔偿损失 3 万元。B 区人民法院受理案件后，追加张三为共同原告，经过法庭调查以及双方当事人当庭辩论，在公开合议的基础上当庭宣判合同无效，并判令被告分别返还三原告保证金各 2 万元，学费及其他费用 1 万元。双方均不服一审判决，分别向市中级人民法院提起上诉。该中级人民法院将三原告作为上诉人，A 公司作为被上诉人开庭进行了审理。在审理中，王一、刘二、张三认为 A 公司在其广告宣传中擅自使用 3 人的照片，侵犯了他们的肖像权，请求赔偿精神损失 5 万元。二审法院对此与上诉请求进行合并审理，并做出终审判决，判决被告因擅自使用王一、刘二、张三的照片，向 3 人各赔偿 4000 元精神损失。判决生效后，A 公司向省高级人民法院申请再审。问：

（1）请指出一审法院在审理中存在的问题，并说明理由。

（2）如何评价法院一审判决，为什么？

（3）请指出二审法院在审理中存在的问题，并说明理由。

（4）如果省高院裁定再审此案，可以由哪些法院对此案件进行再审？

《民事诉讼法学》综合实训模拟三

一、单项选择题（共20分，每题1分）

1. 下列关于处分原则的表述，正确的是(　　)。

A. 处分权的对象只涉及诉讼权利

B. 处分权的对象只涉及实体权利

C. 处分权的行使贯穿于民事诉讼的全过程

D. 处分权的主体除了当事人之外，还包括诉讼代理人

2. 以下裁判中，当事人不服可以依法在法定期间提起上诉的是(　　)。

A. 某县人民法院依法对本院做出的错误判决进行再审后做出的再审判决

B. 最高人民法院适用普通程序审理做出的判决

C. 某县人民法院适用特别程序审理做出的判决

D. 某县人民法院适用公示催告程序审理做出的判决

3. 下列关于回避程序相关问题的表述，正确的是(　　)。

A. 回避的方式只能由当事人提出申请

B. 审判长的回避应当由审判委员会决定

C. 当事人对法院做出的回避决定不服的，可以申请复议一次

D. 审判人员的回避应当由审判长决定

4. 以当事人的所在地与人民法院的辖区关系为标准所确定的诉讼管辖是(　　)。

A. 级别管辖　　　　　　　B. 一般地域管辖

C. 移送管辖　　　　　　　D. 专属管辖

5. 根据诉讼证据与证明责任的关系，可将诉讼证据分为(　　)。

A. 主要证据和次要证据　　B. 本证和反证

C. 直接证据和间接证据　　D. 原始证据与派生证据

6. 代理权限为一般授权的委托诉讼代理人，可以(　　)。

A. 提起上诉　　　　　　　B. 反诉

C. 申请回避　　　　　　　D. 申请和解

7. 甲县人民法院将某案件移送乙县人民法院管辖，乙县人民法院认为

该案应由丙县人民法院管辖，乙县人民法院应当(　　)。

A. 将案件移送丙县人民法院

B. 报请上级人民法院指定管辖

C. 将案件退回甲县人民法院

D. 对案件进行审理

8. 下列关于法院调解的表述，正确的是(　　)。

A. 法院调解应遵循自愿原则

B. 所有案件法院均可依职权进行调解

C. 调解原则仅适用于一审程序

D. 调解是法院审理民事案件的必经程序

9. 适用罚款、拘留措施，人民法院应当制作(　　)。

A. 口头决定　　　　　　B. 通知书

C. 裁定书　　　　　　　D. 决定书

10. 甲、乙、丙三人均对丁不满，于是共同商议对丁实施报复，遂于某日晚上趁丁不在家时，由甲乙二人放哨，丙动手将丁家的牛砍死。丁愤然向法院提起民事诉讼，在诉讼中(　　)。

A. 甲、乙是无独立请求权的第三人，丙是被告

B. 甲、乙、丙是必要共同被告

C. 甲、乙、丙是普通共同被告

D. 丙是被告，甲、乙是证人

11. 在民事诉讼中，由于某种原因，导致一方当事人的诉讼权利义务由其他人承担，并由其作为同样诉讼地位的当事人接替进行诉讼，这种变化被称为(　　)。

A. 当事人的更换　　　　B. 诉讼权利义务的承担

C. 诉讼义务的转换　　　D. 当事人的追加

12. 离婚案件一方当事人死亡，人民法院应当(　　)。

A. 裁定中止诉讼　　　　B. 裁定终结诉讼

C. 延期审理　　　　　　D. 判决离婚

13. 原告的起诉被法院受理后将会产生的法律后果是(　　)。

A. 诉讼时效中止

B. 不影响当事人就该案向其他法院起诉

C. 当事人不能撤诉

D. 当事人取得相应的诉讼地位

14. 人民法院适用简易程序审理下列案件时，无须先行调解的案件

是( )。

A. 交通事故引起的权利义务关系明确的损害赔偿纠纷

B. 买卖合同纠纷

C. 合伙协议纠纷

D. 宅基地纠纷

15. 申请认定财产无主的案件, 有管辖权的法院是( )。

A. 申请人户口所在地的基层法院

B. 被申请人住所地的基层法院

C. 财产所在地的基层法院

D. 申请人住所地或者居住地的基层法院

16. 人民法院收到债务人提出的书面异议后, 应当裁定终结督促程序, 此时支付令( )。

A. 自行失效, 债权人可以起诉

B. 自行失效, 债权人可申请复议一次

C. 自行失效, 债权人即为原告人, 债务人即为被告人, 法院按普通程序继续审理

D. 自行失效, 债权人可以提起上诉

17. 公示催告程序中的利害关系人在申报期届满后, 判决做出之前申报权利的, 人民法院( )。

A. 应裁定驳回利害关系人的申报

B. 应告知利害关系人起诉

C. 应裁定驳回申请人的申请

D. 应裁定终结公示催告程序

18. 下列关于起诉与受理的表述, 正确的是( )。

A. 起诉不符合受理条件的, 人民法院应当裁定驳回起诉

B. 对本院没有管辖权的案件, 告知原告向有管辖权的人民法院起诉; 原告坚持起诉的, 应予受理

C. 当事人撤诉后, 又以同一诉讼请求起诉的, 人民法院不予受理

D. 裁定驳回起诉的案件, 原告再次起诉的, 如果符合起诉条件的, 人民法院应予受理

19. 下列关于民事诉讼中适用强制措施的做法错误的是( )。

A. 与妨害行为相当

B. 对同一行为连续适用罚款、拘留

C. 拘传须经院长批准

D. 当事人因伪造重要证据被拘留后再次伪造重要证据，法院可重新处以拘留

20. 下列关于送达的说法正确的是（　　　）。

A. 受送达人不在，交由其同住成年家属签收，属于间接送达

B. 直接送达有困难的，法院可以委托快递公司代为送达

C. 送达回证是送达人完成任务以及受送达人接受或拒绝文书的证明，也是衡量当事人的诉讼行为是否有效的依据

D. 转交送达中，代为转交的机关/单位收到诉讼文书的日期为送达日期

二、多项选择题（共20分，每题2分）

1. 下列人员中，由审判长决定回避的人员有（　　　）。

A. 翻译人员　　　　　　B. 审判人员

C. 鉴定人　　　　　　　D. 勘验人

E. 书记员

2. 下列诉讼需要实行证明责任倒置的有（　　　）。

A. 构筑物坠落致人损害

B. 因产品制造方法发明专利引起的专利侵权诉讼

C. 共同危险行为致人损害的侵权诉讼

D. 因环境污染引起的损害赔偿诉讼

E. 窨井等地下设施致人损害的侵权诉讼

3. 根据民事诉讼法规定，法院应裁定终结诉讼的情形有（　　　）。

A. 原告死亡　　　　　　B. 被告死亡

C. 被告死亡且没有遗产

D. 离婚案件的一方当事人死亡

E. 解除收养关系案件的一方当事人死亡

4. 关于简易程序特点的表述，正确的有（　　　）。

A. 适用简易程序，只能以口头方式起诉

B. 受理程序简便

C. 传唤方式简便

D. 实行独任制

E. 审理程序简便

5. 具备上诉主体资格的人包括（　　　）。

A. 第一审程序中的原告和被告

178

B. 有独立请求权的第三人

C. 被法院判决承担民事责任的无独立请求权第三人

D. 诉讼代表人

E. 诉讼代理人

6. 属于适用特别程序审理的非讼案件包括(　　　)。

A. 选民资格案件

B. 宣告公民失踪、宣告公民死亡案件

C. 认定财产无主案件

D. 认定公民无民事行为能力、限制民事行为能力案件

E. 确认调解协议案件

7. 某民事案件经甲省乙市丙区人民法院一审判决和乙市中级人民法院二审判决后，当事人仍然认为该判决有错误，申请再审，相关法院裁定再审。有权再审该案的法院有(　　　)。

A. 乙市中级人民法院

B. 甲省高级人民法院

C. 甲省与乙市中级人民法院同级的其他法院

D. 丙区人民法院

E. 最高人民法院

8. 刘某于甲县搭乘宏达公司的轮船前往乙县，在途经丙县时发生交通事故，索赔未果，欲诉船主。已知刘某和宏达公司的住所地分别位于丁县和戊县，该案有管辖权的法院包括(　　　)。

A. 甲县人民法院　　　　　　B. 乙县人民法院

C. 丙县人民法院　　　　　　D. 丁县人民法院

E. 戊县人民法院

9. 以下强制措施中，需要法院院长批准才能适用的是(　　　)。

A. 拘传　　　　　　　　　　B. 责令退出法庭

C. 罚款　　　　　　　　　　D. 拘留　　　　　　E. 训诫

10. 甲公司因乙公司拖欠货款向 A 县法院申请支付令，经审查甲公司的申请符合法律规定，A 县法院向乙公司发出支付令。乙公司收到支付令后在法定期间没有履行给付货款的义务，而是向 A 县法院提起诉讼，要求甲公司承担因其提供的产品存在质量问题的违约责任。关于本案，下列选项正确的是(　　　)。

A. 支付令失效

B. 甲公司可以持支付令申请强制执行

C. A 县法院应当受理乙公司的起诉

D. A 县法院不应受理乙公司的起诉

E. 支付令有效

三、概念辨析题（共20分，每题10分）

1. 诉讼中止和延期审理

2. 诉前财产保全与诉讼财产保全

四、简述题（共20分，每题10分）

1. 简述开庭审理的审理阶段及具体内容。

2. 简述执行回转的原因。

五、案例分析（共20分，每题10分）

1. 某省 A 市 B 区居民甲与 A 市 C 县居民乙因财产纠纷诉至 C 县人民法院，一审判决甲败诉；甲不服，上诉于 A 市中级人民法院。二审法院经审理认为一审认定事实不清，裁定撤销一审判决，发回重审。经重审，法院仍判决甲败诉，双方均未再提起上诉。判决生效后的第二个月，甲找到了足以推翻原生效判决的新证据，并向有关法院申请再审，有关法院决定再审。在再审中，有关法院发现原判决遗漏了当事人丙，并通知丙参加诉讼。

问题：

（1）本案当事人应当向何法院申请再审？为什么？

（2）再审法院应当适用何种程序审理此案？为什么？

（3）丙参加诉讼后，再审法院应当如何处理此案？为什么？

2. 某公司向法院申请公示催告，声称本公司一张面额 5 万元的可以背书转让的汇票遗失。法院当即审查并决定受理，发出公告。公告申报权利期间，无人申报。法院根据某公司的申请，做出了除权判决并进行了公告。问：

（1）某公司应向哪一法院申请公示催告？

（2）在公示催告程序中，法院应当怎样公告？

（3）本案中出现何种情形，将使公示催告程序终结？

（4）从本案中能否看出适用公示催告程序审理的案件有哪些特征？

（5）有正当理由不能在判决前向法院申报权利的，可采取何种补救措施？

《民事诉讼法学》综合实训模拟四

一、单项选择题（共20分，每题1分）

1. 某外国公民在我国人民法院进行诉讼，法院给予其与我国公民一样的诉讼权利，这体现了立法的（   ）。
   A. 当事人诉讼权利平等原则
   B. 对当事人适用法律平等原则
   C. 同等原则
   D. 对等原则

2. 以下关于法院调解原则的表述，正确的是（   ）。
   A. 法院调解原则贯穿于诉讼的全过程，因此，在执行程序中法院可以主持调解
   B. 法院对任何案件都可以进行调解
   C. 法院调解不是人民法院处理民事案件的必经程序
   D. 法院可以根据当事人达成的调解协议制作判决书

3. 下列人员中，不属于回避对象的是（   ）。
   A. 证人　　　　　　　　B. 翻译人员
   C. 审判员　　　　　　　D. 陪审员

4. 在民事诉讼中，对于同一诉讼，依照法律规定两个以上法院都有管辖权的称为（   ）。
   A. 移送管辖　　　　　　B. 选择管辖
   C. 共同管辖　　　　　　D. 指定管辖

5. 在民事诉讼中，由于某种原因，导致一方当事人的诉讼权利义务由其他人承担，并由其作为同样诉讼地位的当事人接替进行诉讼，这种变化被称为（   ）。
   A. 当事人的更换　　　　B. 诉讼权利义务的承担
   C. 诉讼义务的转换　　　D. 当事人的追加

6. 对共同海损纠纷提起的诉讼，无管辖权的法院是（   ）。
   A. 船舶最先到达地的人民法院
   B. 被告住所地的人民法院
   C. 航程终止地的人民法院

D. 共同海损理算地的人民法院

7. 当事人不服一审法院做出的驳回起诉的裁定，提起上诉，二审的审判组织形式是(　　)。

A. 由审判员组成合议庭审理

B. 由审判员与陪审员组成合议庭审理

C. 采取独任制审理

D. 既可以采取合议制审理，也可以采取独任制审理

8. 下列案件中属于中级人民法院管辖的案件是(　　)。

A. 简单民事案件　　　　　B. 宣告失踪案件

C. 重大涉外案件　　　　　D. 选民资格案件

9. 经人民法院调解达成协议的案件，诉讼费用(　　)。

A. 由法院与当事人协商如何负担

B. 由原告与被告协商负担

C. 原告负担

D. 被告负担

10. 下列有关先予执行的说法，错误的是(　　)。

A. 当事人之间权利义务关系明确

B. 申请人败诉的，应当赔偿被申请人因先予执行遭受的财产损失

C. 当事人对先予执行的裁定不服的，可以申请复议一次，复议期间不停止裁定的执行

D. 申请人申请先予执行，必须提供担保

11. 下列对妨害民事诉讼行为采取的强制措施，不需要由人民法院院长批准的是(　　)。

A. 拘传　　　　　　　　　B. 责令退出法庭

C. 罚款　　　　　　　　　D. 拘留

12. 下列关于送达的说法正确的是(　　)。

A. 受送达人不在，交由其同住成年家属签收，属于间接送达

B. 直接送达有困难的，法院可以委托快递公司代为送达

C. 送达回证是送达人完成任务以及受送达人接受或拒绝文书的证明，也是衡量当事人的诉讼行为是否有效的依据

D. 转交送达中，代为转交的机关、单位收到诉讼文书的日期为送达日期

13. 人民法院适用普通程序审理的一审案件，案件的审理期限是(　　)。

A. 3 个月　　　　　　　　　B. 6 个月

C. 12 个月　　　　　　　　D. 24 个月

14. 必须到庭的当事人和其他诉讼参与人有正当理由没有到庭的，人民法院应当( )。

　　A. 决定延期审理　　　　　B. 裁定中止诉讼

　　C. 裁定终结诉讼　　　　　D. 按撤诉处理

15. 基层人民法院适用第一审普通程序审理的民事案件，如果在审理过程中，发现案件法律关系简单，事实清楚，那么下列说法中正确的是( )。

　　A. 经一方当事人申请，法院可以改为适用简易程序

　　B. 经当事人双方协议选择适用简易程序，可以改为适用简易程序

　　C. 审判组织可以依职权直接改为适用简易程序

　　D. 不能改为适用简易程序

16. 人民法院依照特别程序审理的选民资格案件，法院做出判决的期限是( )。

　　A. 案件受理后的 3 日内　　B. 案件受理后的 5 日内

　　C. 选举前 5 日　　　　　　D. 选举日前

17. 人民法院收到债务人对支付令提出的书面异议后，应当( )。

　　A. 暂停督促程序　　　　　B. 中止督促程序

　　C. 通知终结督促程序　　　D. 裁定终结督促程序

18. 根据《民事诉讼法》及相关司法解释的规定，除权判决必须具备的条件之一是( )。

　　A. 公示催告期间无人转让票据

　　B. 支付人签章同意依据除权判决付款

　　C. 人民法院可以依职权决定做出除权判决

　　D. 申报权利期间，无利害关系人申报或利害关系人申报后被人民法院驳回的

19. 依照特别程序审理的案件，如果发现判决有错误，应由( )。

　　A. 利害关系人另行起诉

　　B. 利害关系人向检察院申请抗诉

　　C. 利害关系人向原审人民法院提出申请，撤销原判决，重新做出判决

　　D. 利害关系人按审判监督程序申请再审

20. 甲、乙、丙三人均对丁不满，于是共同商议对丁实施报复，遂于某日晚上趁丁不在家时，由甲乙二人放哨，丙动手将丁家的牛砍死。丁愤

然向法院提起民事诉讼，在诉讼中（　　　）。

　　A. 甲、乙是无独立请求权的第三人，丙是被告

　　B. 甲、乙、丙是必要共同被告

　　C. 甲、乙、丙是普通共同被告

　　D. 丙是被告，甲、乙是证人

二、多项选择题（共20分，每题2分）

　　1. A县的甲有二子一女乙、丙、丁，居住地分别是B县、C县、D县，甲死亡后，乙独占甲在E县的全部遗产，丙和丁准备共同状告乙，该案有管辖权的法院是（　　　）。

　　A. A县人民法院　　　　　　　B. B县人民法院

　　C. C县人民法院　　　　　　　D. D县人民法院

　　E. E县人民法院

　　2. 甲诉乙返还借款一案，法院确定了举证的期限为30日，甲逾期未提交证据，而是在开庭时才向法院提供了用于证明乙借款的证据。下列关于甲迟延提出证据的处理的说法，正确的有（　　　）。

　　A. 该项证据无效

　　B. 一般情况下，在审理时法院对该项证据不组织质证

　　C. 经被告乙同意后，法院可以组织对该项证据进行质证

　　D. 经法院院长同意后，可以组织对该项证据进行质证

　　E. 经审判委员会同意后，可以组织对该项证据进行质证

　　3. 下列选项中，人民法院应当裁定解除财产保全措施的情形有（　　　）。

　　A. 申请人甲公司在法院采取了诉前财产保全措施后30日内未起诉

　　B. 被申请人乙公司向人民法院提供了担保

　　C. 甲公司在财产保全期间撤回了申请，人民法院同意其撤回申请的

　　D. 被申请人提出了复议，人民法院确认被申请人复议意见有理，而做出新裁定，撤销原财产保全裁定

　　E. 人民法院采取保全措施后，被申请人自动履行了义务

　　4. 根据《民事诉讼法》规定，下列案件法院应当受理的有（　　　）。

　　A. 罗某诉王某合同纠纷一案，法院裁定驳回起诉后，罗某补充了原起诉的欠缺后再次向法院起诉

　　B. 2010年3月，王某诉至法院要求与李某离婚，2010年4月王某申请撤诉获得准许。2010年9月，王某再次以同样理由起诉要求离婚

C. 甲与乙在玩耍时不慎刺伤了乙的左眼，4 年后，乙诉至法院要求甲赔偿经济损失

D. 刘某于 2010 年 2 月诉至法院要求解除与养子的收养关系，法院判决维持收养关系，2010 年 9 月，刘某又以同样理由起诉

E. 甲公司与乙公司签订了一份包含仲裁协议的加工合同。在履行合同时发生纠纷，甲起诉乙

5. 在因斗殴引发的侵权诉讼中，目睹该斗殴全过程的证人提供的证言属于（　　）。

A. 直接证据　　　　　　　B. 间接证据

C. 原始证据　　　　　　　D. 派生证据

E. 传来证据

6. 上诉人撤回上诉需要具备的条件有（　　）。

A. 撤回上诉必须在第二审法院宣告判决前

B. 撤回上诉必须是出于当事人的自愿

C. 撤回上诉需要经对方当事人同意

D. 撤回上诉需要经法院同意

E. 撤回上诉需要当事人提交书面申请

7. 丁某因一次沉船事故下落不明，后被法院宣告死亡。此后，丁某重新出现。在这种情况下，下列表述正确的有（　　）。

A. 丁某可以提起上诉，请求二审法院撤销原判决

B. 丁某或者其利害关系人均可向做出宣告判决的法院申请撤销原判决

C. 丁某有权请求返回其所有的财产

D. 其配偶尚未再婚，原婚姻关系从死亡宣告撤销之日起自行恢复

E. 其女儿被人收养，此收养关系无效

8. 根据我国民事诉讼法的规定，可以按撤诉处理的情况包括（　　）。

A. 被告不到庭或中途退庭的

B. 无独立请求权的第三人不到庭的

C. 原告经传票传唤，无正当理由拒不到庭的

D. 原告虽到庭，但未经法庭许可中途退庭的

E. 无诉讼行为能力的原告的法定代理人起诉后，经传票传唤拒不到庭，又未委托诉讼代理人的

9. 公示催告程序具有以下特点（　　）。

A. 适用公示催告程序审理的案件具有民事权益争议

B. 公示催告程序的适用范围仅限于可以背书转让的票据因被盗、遗失

或灭失及其他法律规定的事项

  C. 案件实行两审终审

  D. 案件没有明确的被告

  E. 公示催告程序用于审理因票据纠纷提起的诉讼

  10. 由审判长决定的回避人员有( )。

  A. 书记员   B. 翻译人员

  C. 鉴定人   D. 勘验人   E. 证人

三、概念辨析题（共20分，每题10分）

1. 处分原则与辩论原则

2. 诉讼中止与诉讼终结

四、简述题（共20分，每题10分）

1. 简述普通共同诉讼的特点。

2. 简述第二审人民法院对上诉案件审理后应如何处理。

五、案例分析（共 20 分，每题 10 分）

1. 老李家住某市 A 县农村，早年丧妻，一人抚养三个儿子——李大、李二、李三成人，三个儿子成婚后分别居住在该市甲区、乙区、丙区。2007 年 6 月以来老李患某种老年慢性病需要长期治疗，然而三个儿子因为花费太高拒绝支付治疗费，并不给其生活费。老李无劳动能力又无生活来源，被迫于 2008 年 7 月向 A 县法院起诉，要求三个儿子给予赡养费和医疗费。法院受理之后，经审理判决三被告每月给付老李 200 元赡养费，并支付以后的医疗费。判决后，老李和李大没有上诉；李二口头提起上诉，但没有提交上诉状；李三向市中级人民法院提交书面上诉状，认为父亲在李大、李二买房时帮助过他们，所以李大、李二应多负担赡养费。市中院受理后，组成了有一名人民陪审员参加的合议庭。在审理过程中，老李病情恶化，突然死亡。

（1）某市 A 县法院对本案有无管辖权？为什么？

（2）李二的上诉是否有效？李三的上诉是否有效？为什么？

（3）李三上诉后如何列当事人？

（4）本案在程序上有什么错误之处？

2. 2015 年 8 月，孙某、许某、冯某三人合伙做生意，共同向李某借款 300000 元，言明年底（2015 年 12 月 31 日）前还清，并写了借条，由孙、许、冯三人共同签名（借款人）。2016 年元旦过后，孙、许、冯三人未按约定还钱，李某向他们索要，三人互相推诿，仍不还钱，李某准备向法院起诉。现知李某住北京海淀区，孙某住北京朝阳区，许某住北京东城区，冯某住北京丰台区。问：李某如果到法院去起诉，案件应由哪个法院管辖？

《民事诉讼法学》综合实训模拟五

一、单项选择题（共20分，每题1分）

1. 王大与王二系亲兄弟，王大独身无子，王二提出将他的三儿子王钢过继给王大，王大未置可否。事后王大仍然独立生活，王钢也从未对大伯尽义务，也没有一起生活过。当王钢准备结婚时，向王大要钱盖房子结婚。王大不肯给，王钢不甘心，于是发生争议，王大诉请法院判决他与王钢不存在继父子关系。关于本案的叙述，正确的是（　　）。

A. 王大与王钢的诉讼为变更之诉

B. 王大与王钢的诉讼为消极给付之诉

C. 王大与王钢的诉讼为消极确认之诉

D. 王大与王钢的诉讼为形成之诉

2. 根据《民事诉讼法》规定的诚信原则的基本精神，下列哪一选项符合诚信原则？（　　）

A. 当事人以欺骗的方法形成不正当诉讼状态

B. 证人故意提供虚假证言

C. 法院根据案件审理情况对当事人提供的证据不予采信

D. 法院对当事人提出的证据任意进行取舍或否定

3. 关于管辖，下列哪一表述是正确的？（　　）

A. 军人与非军人之间的民事诉讼，都应由军事法院管辖，体现了专门管辖的原则

B. 中外合资企业与外国公司之间的合同纠纷，应由中国法院管辖，体现了维护司法主权的原则

C. 最高法院通过司法解释授予部分基层法院专利纠纷案件初审管辖权，体现了平衡法院案件负担的原则

D. 不动产纠纷由不动产所在地法院管辖，体现了管辖恒定的原则

4. 关于第三人撤销之诉，下列哪一说法是正确的？（　　）

A. 法院受理第三人撤销之诉后，应中止原裁判的执行

B. 第三人撤销之诉是确认原审裁判错误的确认之诉

C. 第三人撤销之诉由原审法院的上一级法院管辖，但当事人一方人数众多或者双方当事人为公民的案件，应由原审法院管辖

D. 第三人撤销之诉的客体包括生效的民事判决、裁定和调解书

5. 甲公司与银行订立了标的额为 8000 万元的贷款合同，甲公司董事长美国人汤姆用自己位于 W 市的三套别墅为甲公司提供抵押担保。贷款到期后甲公司无力归还，银行向法院申请适用特别程序实现对别墅的抵押权。关于本案的分析，下列哪一选项是正确的？（　　）

A. 由于本案标的金额巨大，且具有涉外因素，银行应向 W 市中院提交书面申请

B. 本案的被申请人只应是债务人甲公司

C. 如果法院经过审查，做出拍卖裁定，可直接移交执行庭进行拍卖

D. 如果法院经过审查，驳回银行申请，银行可就该抵押权益向法院起诉

6. 下列关于证明的哪一表述是正确的？（　　）

A. 经过公证的书证，其证明力一般大于传来证据和间接证据

B. 经验法则可验证的事实都不需要当事人证明

C. 在法国居住的雷诺委托赵律师代理在我国的民事诉讼，其授权委托书需要经法国公证机关证明，并经我国驻法国使领馆认证后，方发生效力

D. 证明责任是一种不利的后果，会随着诉讼的进行，在当事人之间来回移转

7. 黄某向法院申请支付令，督促陈某返还借款。送达支付令时，陈某拒绝签收，法官遂进行留置送达。12 天后，陈某以已经归还借款为由向法院提起书面异议。黄某表示希望法院彻底解决自己与陈某的借款问题。下列哪一说法是正确的？（　　）

A. 支付令不能留置送达，法官的送达无效

B. 提出支付令异议的期间是 10 天，陈某的异议不发生效力

C. 陈某的异议并未否认二人之间存在借贷法律关系，因而不影响支付令的效力

D. 法院应将本案转为诉讼程序审理

8. 根据诉讼证据与证明责任的关系，可将诉讼证据分为（　　）。

A. 主要证据和次要证据　　B. 本证和反证

C. 直接证据和间接证据　　D. 原始证据与派生证据

9. 关于法院的送达行为，下列哪一选项是正确的？（　　）

A. 陈某以马某不具有选民资格向法院提起诉讼，由于马某拒不签收判决书，法院向其留置送达

B. 法院通过邮寄方式向葛某送达开庭传票，葛某未寄回送达回证，送

达无效，应当重新送达

C. 法院在审理张某和赵某借款纠纷时，委托赵某所在学校代为送达起诉状副本和应诉通知

D. 经许某同意，法院用电子邮件方式向其送达证据保全裁定书

10. 民事诉讼法规定，除有特殊情况需要延长期限外，人民法院适用普通程序审理一审民事案件的审限是（　　　）。

A. 3 个月　　　　　　　　B. 6 个月

C. 9 个月　　　　　　　　D. 1 年

11. 赵洪诉陈海返还借款 100 元，法院决定适用小额诉讼程序审理。关于该案的审理，下列哪一选项是错误的？（　　　）

A. 应在开庭审理时先行调解

B. 应开庭审理，但经过赵洪和陈海的书面同意后，可书面审理

C. 应当庭宣判

D. 应一审终审

12. 关于第三人撤销之诉，下列哪一说法是正确的？（　　　）

A. 法院受理第三人撤销之诉后，应中止原裁判的执行

B. 第三人撤销之诉是确认原审裁判错误的确认之诉

C. 第三人撤销之诉由原审法院的上一级法院管辖，但当事人一方人数众多或者双方当事人为公民的案件，应由原审法院管辖

D. 第三人撤销之诉的客体包括生效的民事判决、裁定和调解书

13. 张某诉美国人海斯买卖合同一案，由于海斯在我国无住所，法院无法与其联系，遂要求张某提供双方的电子邮件地址，电子送达了诉讼文书，并在电子邮件中告知双方当事人在收到诉讼文书后予以回复，但开庭之前法院只收到张某的回复，一直未收到海斯的回复。后法院在海斯缺席的情况下，对案件做出判决，驳回张某的诉讼请求，并同样以电子送达的方式送达判决书。关于本案诉讼文书的电子送达，下列哪一做法是合法的？（　　　）

A. 向张某送达举证通知书

B. 向张某送达缺席判决书

C. 向海斯送达举证通知书

D. 向海斯送达缺席判决书

14. 刘某与曹某签订房屋租赁合同，后刘某向法院起诉，要求曹某依约支付租金。曹某向法院提出的下列哪一主张可能构成反诉？（　　　）

A. 刘某的支付租金请求权已经超过诉讼时效

B. 租赁合同无效

C. 自己无支付能力

D. 自己已经支付了租金

15. 人民法院确定开庭审理的日期后或者在开庭过程中，由于必须到庭的被告有正当理由没有到庭的，人民法院应当（   ）。

A. 裁定诉讼中止   B. 延期审理

C. 裁定诉讼终结   D. 缺席判决

16. 按照我国民事诉讼法的规定，无独立请求权的第三人不服一审判决的（   ）。

A. 可以随一方当事人上诉，不能独立上诉

B. 处于辅助当事人地位，不能上诉

C. 可以作为上诉人提起上诉

D. 第一审判决令其承担民事责任的则可以上诉，否则不能上诉

17. 甲公司与银行订立了标的额为 8000 万元的贷款合同，甲公司董事长美国人汤姆用自己位于 W 市的三套别墅为甲公司提供抵押担保。贷款到期后甲公司无力归还，银行向法院申请适用特别程序实现对别墅的抵押权。关于本案的分析，下列哪一选项是正确的？（   ）

A. 由于本案标的金额巨大，且具有涉外因素，银行应向 W 市中院提交书面申请

B. 本案的被申请人只应是债务人甲公司

C. 如果法院经过审查，做出拍卖裁定，可直接移交执行庭进行拍卖

D. 如果法院经过审查，驳回银行申请，银行可就该抵押权益向法院起诉

18. 甲对乙享有 10 万元到期债权，乙无力清偿，且怠于行使对丙的 15 万元债权，甲遂对丙提起代位权诉讼，法院依法追加乙为第三人。一审判决甲胜诉，丙应向甲给付 10 万元。乙、丙均提起上诉，乙请求法院判令丙向其支付剩余 5 万元债务，丙请求法院判令甲对乙的债权不成立。关于二审当事人地位的表述，下列哪一选项是正确的？（   ）

A. 丙是上诉人，甲是被上诉人

B. 乙、丙是上诉人，甲是被上诉人

C. 乙是上诉人，甲、丙是被上诉人

D. 丙是上诉人，甲、乙是被上诉人

19. 关于检察监督，下列哪一选项是正确的？（   ）

A. 甲县检察院认为乙县法院的生效判决适用法律错误，对其提出检察

建议

B. 丙市检察院就合同纠纷向仲裁委员会提出检察建议，要求重新仲裁

C. 丁县检察院认为丁县法院某法官在制作除权判决时收受贿赂，向该法院提出检察建议

D. 戊县检察院认为戊县法院认定某公民为无民事行为能力人的判决存在程序错误，报请上级检察院提起抗诉

20. 吴某被王某打伤后诉至法院，王某败诉。一审判决书送达王某时，其当即向送达人郑某表示上诉，但因其不识字，未提交上诉状。关于王某行为的法律效力，下列哪一选项是正确的？（　　）

A. 王某已经表明上诉，产生上诉效力

B. 郑某将王某的上诉要求告知法院后，产生上诉效力

C. 王某未提交上诉状，不产生上诉效力

D. 王某口头上诉经二审法院同意后，产生上诉效力

二、多项选择题（共20分，每题2分）

1. 下列哪些做法不符合民事诉讼法关于协议管辖的规定（　　）。

A. 合同当事人约定二审管辖法院

B. 合同当事人口头约定管辖法院

C. 合同当事人共同选定了甲、乙两个与案件有联系的地方基层人民法院为管辖法院

D. 合同当事人约定由合同签订地法院管辖

2. 关于起诉与受理的表述，下列哪些选项是正确的？（　　）

A. 法院裁定驳回起诉的，原告再次起诉符合条件的，法院应当受理

B. 法院按撤诉处理后，当事人以同一诉讼请求再次起诉的，法院应当受理

C. 判决不准离婚的案件，当事人没有新事实和新理由再次起诉的，法院一律不予受理

D. 当事人超过诉讼时效起诉的，法院应当受理

3. 就瑞成公司与建华公司的合同纠纷，某省甲市中院做出了终审裁判。建华公司不服，打算启动再审程序。后其向甲市检察院申请检察建议，甲市检察院经过审查，做出驳回申请的决定。关于检察监督，下列哪些表述是正确的？（　　）

A. 建华公司可在向该省高院申请再审的同时，申请检察建议

B. 在甲市检察院驳回检察建议申请后，建华公司可向该省检察院申请

抗诉

C. 甲市检察院在审查检察建议申请过程中，可向建华公司调查核实案情

D. 甲市检察院在审查检察建议申请过程中，可向瑞成公司调查核实案情

4. 根据民事诉讼理论和相关法律法规，关于当事人的表述，下列哪些选项是正确的？（　　）

A. 依法解散、依法被撤销的法人可以自己的名义作为当事人进行诉讼

B. 被宣告为无行为能力的成年人可以自己的名义作为当事人进行诉讼

C. 不是民事主体的非法人组织依法可以自己的名义作为当事人进行诉讼

D. 中国消费者协会可以自己的名义作为当事人，对侵害众多消费者权益的企业提起公益诉讼

5. 关于民事诉讼程序中的裁判，下列哪些表述是正确的？（　　）

A. 判决解决民事实体问题，而裁定主要处理案件的程序问题，少数涉及实体问题

B. 判决都必须以书面形式做出，某些裁定可以口头方式做出

C. 一审判决都允许上诉，一审裁定有的允许上诉，有的不能上诉

D. 财产案件的生效判决都有执行力，大多数裁定都没有执行力

6. 关于民事诉讼二审程序的表述，下列哪些选项是正确的？（　　）

A. 二审既可能因为当事人上诉而发生，也可能因为检察院的抗诉而发生

B. 二审既是事实审，又是法律审

C. 二审调解书应写明撤销原判

D. 二审原则上应开庭审理，特殊情况下可不开庭审理

7. 甲诉乙返还 10 万元借款，胜诉后进入执行程序，乙表示自己没有现金，只有一枚祖传玉石可抵债。法院经过调解，说服甲接受玉石抵债，双方达成和解协议并当即交付了玉石。后甲发现此玉石为赝品，价值不足千元，遂申请法院恢复执行。关于执行和解，下列哪些说法是正确的？（　　）

A. 法院不应在执行中劝说甲接受玉石抵债

B. 由于和解协议已经即时履行，法院无须再将和解协议记入笔录

C. 由于和解协议已经即时履行，法院可裁定执行中止

D. 法院应恢复执行

8. 下列哪些情况下，法院不应受理当事人的上诉请求？（　　）

A. 宋某和卢某借款纠纷一案，卢某终审败诉，宋某向区法院申请执行，卢某提出执行管辖异议，区法院裁定驳回卢某异议。卢某提起上诉

B. 曹某向市中院诉刘某侵犯其专利权，要求赔偿损失1元钱，中院驳回其请求。曹某提起上诉

C. 孙某将朱某打伤，经当地人民调解委员会调解达成协议，并申请法院进行了司法确认。后朱某反悔提起上诉

D. 尹某诉与林某离婚，法院审查中发现二人系禁婚的近亲属，遂判决二人婚姻无效。尹某提起上诉

9. 关于管辖制度的表述，下列哪些选项是不正确的？（　　）

A. 对下落不明或者宣告失踪的人提起的民事诉讼，均应由原告住所地法院管辖

B. 因共同海损或者其他海损事故请求损害赔偿提起的诉讼，被告住所地法院享有管辖权

C. 甲区法院受理某技术转让合同纠纷案后，发现自己没有级别管辖权，将案件移送至甲市中院审理，这属于管辖权的转移

D. 当事人可以书面约定纠纷的管辖法院，这属于选择管辖

10. 甲区A公司将位于丙市价值5000万元的写字楼转让给乙区的B公司。后双方发生争议，经丁区人民调解委员会调解达成协议：B公司在1个月内支付购房款。双方又对该协议申请法院做出了司法确认裁定。关于本案及司法确认的表述，下列哪些选项是不正确的？（　　）

A. 应由丙市中级人民法院管辖

B. 可由乙区法院管辖

C. 应由一名审判员组成合议庭，开庭审理司法确认申请

D. 本案的调解协议和司法确认裁定，均具有既判力

三、概念辨析（共20分，每题10分）

1. 诉讼代理人与诉讼代表人

2. 法律关系主体与诉讼主体

四、简述题 （共 20 分，每题 10 分）

1. 简述当事人申请再审的法定事由。

2. 简述二审裁判的类型。

五、案例分析 （共 20 分，每题 10 分）

1. 老李家住某市 A 县农村，早年丧妻，一人抚养三个儿子——李大、李二、李三成人，三个儿子成婚后分别居住在该市甲区、乙区、丙区。2007 年 6 月以来老李患某种老年慢性病需要长期治疗，然而三个儿子因为花费太高拒绝支付治疗费，并不给其生活费。老李无劳动能力又无生活来源，被迫于 2008 年 7 月向 A 县法院起诉，要求三个儿子给予赡养费和医疗费。法院受理之后，经审理判决三被告每月给付老李 200 元赡养费，并支付以后的医疗费。判决后，老李和李大没有上诉，李二口头提起上诉，但没有提交上诉状；李三向市中级人民法院提交书面上诉状，认为父亲在李大、李二买房时帮助过他们，所以李大、李二应多负担赡养费。市中院受理后，组成了有一名人民陪审员参加的合议庭。在审理过程中，老李病情恶化突然死亡。

（1）某市 A 县法院对本案有无管辖权？为什么？

（2）李二的上诉是否有效？李三的上诉是否有效？为什么？

（3）李三上诉后如何列当事人？

（4）本案在程序上有什么错误之处？

（5）老李死亡后，法院应该如何处理？

2. 居住在甲市 A 区的王某驾车以 60 公里时速在甲市 B 区行驶，突遇居住在甲市 C 区的刘某骑自行车横穿马路，王某紧急刹车，刘某在车前倒地受伤。刘某被送往甲市 B 区医院治疗，疗效一般，留有一定后遗症。之后，双方就王某开车是否撞倒刘某，以及相关赔偿事宜发生争执，无法达成协议。

刘某诉至法院，主张自己被王某开车撞伤，要求赔偿。刘某提交的证据包括：甲市 B 区交警大队的交通事故处理认定书（该认定书没有对刘某倒地受伤是否为王某开车所致做出认定）、医院的诊断书（复印件）、处方（复印件）、药费和住院费的发票等。王某提交了自己在事故现场用数码摄像机拍摄的车与刘某倒地后状态的视频资料。图像显示，刘某倒地位置与王某车距离 1 米左右。王某以该证据证明其车没有撞倒刘某。

一审中，双方争执焦点为：刘某倒地受伤是否为王某驾车撞倒所致；刘某所留后遗症是否因医疗措施不当所致。

法院审理后，无法确定王某的车是否撞倒刘某。一审法院认为，王某的车是否撞倒刘某无法确定，但即使王某的车没有撞倒刘某，由于王某车型较大、车速较快、刹车突然、刹车声音刺耳等原因，足以使刘某受到惊吓而从自行车上摔倒受伤。因此，王某应当对刘某受伤承担相应责任。同时，刘某因违反交通规则，对其受伤也应当承担相应责任。据此，法院判决：王某对刘某的经济损失承担 50% 的赔偿责任。关于刘某受伤后留下后遗症问题，一审法院没有做出说明。

王某不服一审判决，提起上诉。二审法院审理后认为，综合各种证据，认定王某的车撞倒刘某，致其受伤。同时，二审法院认为，一审法院关于双方当事人就事故的经济责任分担符合法律原则和规定。故此，二审法院驳回王某上诉，维持原判。问题：

（1）对刘某提起的损害赔偿诉讼，哪个（些）法院有管辖权？为什么？

（2）本案所列当事人提供的证据，属于法律规定中的哪种证据？属于理论上的哪类证据？

（3）根据民事诉讼法学（包括证据法学）相关原理，一审法院判决是否存在问题？为什么？

（4）根据《民事诉讼法》有关规定，二审法院判决是否存在问题？为什么？

《民事诉讼法学》综合实训模拟参考答案

《民事诉讼法学》综合实训模拟一参考答案

一、单项选择题（共20分，每题1分）

1. A　2. A　3. C　4. D　5. C　6. B　7. D　8. B　9. B　10. C
11. A　12. B　13. A　14. B　15. B　16. C　17. C　18. A　19. A　20. B

二、多项选择题（共20分，每题2分）

1. ABC　2. ADE　3. ACDE　4. BCD　5. ADE
6. ABDE　7. ABCD　8. ABCDE　9. ABCDE　10. AB

三、概念辨析题（共20分，每题10分）

1. 法院调解与当事人和解
和解分为诉讼上的和解与诉讼外的和解
（1）主持的主体不同。
人民法院的主持下，是审判权与处分权的一种结合；在没有外力的作用下，当事人自主行使处分权的一种行为。
（2）适用阶段不同。审判程序；审判和执行程序。
（3）是否具有强制效力不同。调解协议生效后，具有强制效力；不具有强制效力。
2. 裁定不予受理与裁定驳回起诉
裁定不予受理——做出在立案阶段，由立案机构进行形式审查，包括（1）案件不属于人民法院主管。（2）虽属于法院主管，但不属于此人民法院管辖。（3）法律规定暂时不能起诉的。驳回起诉的裁定——在人民法院受理后，经审判机构做出，是由于诉讼要件（程序性要件事实）缺乏导致。

（一）联系：（1）都采用裁定的形式。（2）原因都是不符合起诉的要件。（3）都可以上诉。（4）法院对符合受理条件的，都可以再次受理。（5）都不交诉讼费用

（二）区别：（1）裁定做出的时间不同。（2）裁定做出的主体不同。

四、简述题（共20分，每题10分）

1.（1）证明责任的含义。

（2）基本分配原则：谁主张，谁举证。

（3）证明责任分配的例外。

2.（1）二审人民法院应当对上诉请求的有关事实和法律进行审查。

（2）对上诉人没有提出上诉部分的处理：《审改规定》第35条

（3）审理方式：开庭审理为原则，进行裁判为例外。

五、案例分析（共20分，每题10分）

1.（1）应以红星小学为被告。本案因红星小学的体育老师周通在课堂上殴打学生引起，是周通在履行职务时发生的侵权行为，根据《最高人民法院关于适用〈民事诉讼法〉若干问题的意见》第四十二条规定："法人或者其他组织的工作人员因职务行为或者授权行为发生的诉讼，该法人或者其他组织为当事人。"

（2）人民法院对专门性问题认为需要鉴定的，应交由法定鉴定部门鉴定；没有法定的鉴定部门，由人民法院指定的鉴定部门鉴定。人民法院在需要调取新的证据，重新鉴定、勘验，或者需要补充调查的情况下，可以延期开庭审理。

（3）当事人临时提出回避申请的，人民法院可以延期开庭审理。本案中，被告申请审判长回避，人民法院应当决定延期开庭审理。申请审判长回避，应当由院长决定是否回避。被申请回避的人员在人民法院做出是否回避的决定前，应暂停参与本案工作，但案件需要采取紧急措施的除外。人民法院对当事人提出的回避申请，应当在申请提出的3日内，以口头或书面形式做出决定。

（4）被告对人民法院做出的驳回回避申请的决定不服的，可在接到决定时申请复议一次，复议期间，被申请回避的人员，不停止参与本案的工作。人民法院对复议申请，应当在3日内做出复议决定，并通知复议申请人。

2.（1）本案中，再审人民法院不能指定原一审人民法院再审。参见《最高人民法院关于适用〈民事诉讼法〉若干问题的意见》第二百零二条的规定。本案中当事人对一审判决不服提起了上诉，二审判决是最终的生效判决，这一判决是由中级人民法院做出的，因此，高级人民法院应当指定中级人民法院再审或者自己提审，依照二审的程序审理，所做出的判决、裁定是发生效力的判决、裁定。

（2）再审中，原一审人民法院的合议庭组成不合法。本案中生效的判决不是高级人民法院做出的，而且高级人民法院在做出裁定之时未对案件进行审理，其无法确定原判决的正确与否，因此，此时裁定撤销原判是不合理也不合法的。依据《最高人民法院关于适用〈民事诉讼法〉若干问题的意见》第一百九十九条的规定，正确的做法是高级人民法院在指定二审人民法院再审的同时裁定中止原判决的执行。

（3）再审中，原一审人民法院的合议庭组成不合法。参见我国《民事诉讼法》第四十一条的规定。

（4）中级人民法院可以指定原一审人民法院再审也可以自己提审。指定原一审人民法院再审的，按照一审程序审理。提审的依照二审的程序审理，所做出的判决、裁定是发生效力的判决、裁定，不能上诉。

《民事诉讼法学》综合实训模拟二参考答案

一、单项选择题（共 20 分，每题 1 分）

1. C 2. B 3. D 4. D 5. C 6. A 7. D 8. B 9. D 10. C
11. B 12. A 13. C 14. A 15. C 16. C 17. B 18. A 19. B 20. A

二、多项选择题（共 20 分，每题 2 分）

1. ABCD 2. AC 3. ACD 4. AB 5. ABC
6. ACD 7. ABCD 8. ABCD 9. CD 10. AD

三、概念辨析题（共 20 分，每题 10 分）

1. 诉权是当事人享有的请求国家给予民事诉讼保护的权利，诉讼权利则是当事人在诉讼中享有的具体可为的权利。

2. 都是共同诉讼，普通共同诉讼的诉讼标的属于同一种类，法院认为可以合并审理，并经当事人同意而共同进行的诉讼。必要共同诉讼的诉讼标的是共同的，是不可分之诉，只能合并审理和判决。

四、简述题（共20分，每题10分）

1. 所谓辩论，指的是当事人双方在法院主持下，就案件事实和运用法律的问题，陈述各自的主张和意见，相互进行反驳和答辩，以争取对自己有利的诉讼结果，维护自己的合法权益；人民法院则通过辩论查明案件事实。

辩论原则的具体含义应包括以下几个方面的内容：（1）辩论权是当事人的一项重要的诉讼权利。即当事人也包括第三人对诉讼请求有陈述事实和理由的权利。有对对方当事人的陈述和诉讼请求进行反驳和答辩的权利。当事人借此维护自己的合法权益。（2）辩论原则贯穿于民事诉讼的全过程，包括一审、二审和再审程序。可见，辩论原则所指的辩论并不完全等同于法庭辩论。法庭辩论仅指当事人在开放审理过程中进行的辩论，是一种口头辩论。辩论原则所指的辩论包括法庭辩论，也包括法庭审理程序以外程序中进行的辩论。（3）辩论的表现形式可以是口头形式，也可以是书面形式。口头辩论又称"言辞辩论"，主要集中在法庭审理阶段，是最集中、最全面的辩论，也是辩论原则最重要的体现。（4）辩论的内容既可以是实体方面的问题，也可以是程序方面的问题。

2. 我国民事诉讼中的法院调解，是指双方当事人就争议的实体权利和义务，在人民法院审判组织的主持下，进行协商，达成协议，从而结束诉讼程序，或没有达成协议，使诉讼进入下一程序的活动。民事诉讼法规定的调整人民法院、当事人及其他有关机关或者个人在调解过程中和调解结案后的有关活动及其所产生的各种关系的各种规则，构成法院调解制度。法院调解是我国民事审判工作的一部分，是带有中国特色的人民法院处理民事案件的一种重要方式。

五、案例分析（共20分，每题10分）

1. （1）对本案享有管辖权的有甲市 A 区法院和甲市 B 区法院。本案属于侵权纠纷，侵权行为地与被告住所地法院享有管辖权；本案的侵权行为发生在甲市 B 区，被告王某居住在甲市 A 区。

（2）根据《民事诉讼法》关于证据的分类：本案中，交通大队的事故认定书、医院的诊断书（复印件）、处方（复印件）、药费和住院费的发票都属于书证，王某在事故现场用数码摄像机拍摄的就他的车与刘某倒地之后的状态的视频资料属于视听资料。根据理论上对证据的分类：上述证据都属于间接证据；甲市 B 区交通大队的交通事故处理认定书、药费和住院费的发票，王某自己在事故现场用数码摄像机拍摄的就他的车与刘某倒地之后的状态的视频资料属于原始证据，医院的诊断书（复印件）、处方（复印件）属于传来证据；就证明王某的车撞到刘某并致刘受伤的事实而言，刘某提供的各类证据均为本证，王某提供的证据为反证。

（3）一审法院判决存在如下问题：第一，判决没有针对案件的争议焦点做出事实认定，违反了辩论原则；第二，在案件争执的法律要件事实真伪不明的情况下，法院没有根据证明责任原理来做出判决；第三，法院未对第二个争执焦点做出事实认定。

理由说明：①本案当事人的争执焦点是刘某倒地受伤是否为王某驾车撞倒了刘某；刘某受伤之后所留下的后遗症是否是因为对刘某采取的医疗措施不当所致。但法院判决中没有对这两个争议事实进行认定，而是把法院自己认为成立的事实——刘某因受到王某开车的惊吓而摔倒，作为判决的根据，而这一事实当事人并未主张，也没有经过双方当事人的辩论。因此，在这问题上，法院的做法实际上是严重地限制了当事人辩论权的行使。

② 法院通过调取相关证据，以及经过开庭审理，最后仍然无法确定王某的车是否撞到了刘某。此时，当事人所争议的案件事实处于真伪不明的状态，在此情况下，法院应当根据证明责任分配来做出判决。

（4）二审法院维持原判，驳回上诉是不符合《民事诉讼法》规定的。因为，依据法律规定，只有在一审法院认定事实清楚，适用法律正确的情况下，二审法院才可以维持原判，驳回上诉。而本案中，二审法院的判决认定了王某开车撞到了刘某，该事实认定与一审法院对案件事实的认定有根本性的差别，这说明一审法院认定案件事实不清或存在错误，在此情况下，二审法院应当裁定撤销原判决、发回重审或依法改判，而不应当维持原判。

2.（1）一审法院在审理中存在的问题有：①一审法院追加张三为共同原告是错误的。本案中，王一、刘二、张三分别与 A 公司订立劳务培训合同，发生的争议属于诉讼标的为同一种类的普通共同诉讼。②一审法院当庭合议是错误的。公开审判虽然是案件审理的原则，但是公开审判不包括当庭合议。

（2）一审审判是不全面的，因为一审判决遗漏了原告提出赔偿损失的诉讼请求。

（3）二审法院存在的问题有：①二审程序中将王一、刘二、张三三原告作为上诉人，A 公司作为被上诉人是错误的，应当将王一、刘二、张三和 A 公司均列为上诉人。②二审程序中，将王一、刘二、张三认为 A 公司在其广告宣传中侵犯他们肖像权、请求赔偿精神损失 5 万元的诉讼请求与上诉请求合并审理是错误的。

（4）如果省高级人民法院裁定再审此案，可以由自己审理，也可以交由中级人民法院再审，或交由与市中级人民法院同级的其他法院再审。

《民事诉讼法学》综合实训模拟三参考答案

一、单项选择题（共 20 分，每题 1 分）

1. C 2. A 3. C 4. B 5. B 6. C 7. B 8. A 9. D 10. B
11. B 12. B 13. D 14. B 15. C 16. A 17. D 18. A 19. B 20. C

二、多项选择题（共 20 分，每题 2 分）

1. ACDE 2. ABCD 3. CDE 4. BCDE 5. ABCD
6. ABCDE 7. ABCD 8. BCE 9. CD 10. AC

三、概念辨析题（共 20 分，每题 10 分）

1. 延期审理：法院已经确定开庭审理的日期后，或者在开庭审理的过程中，由于出现某种法定事由，使开庭审理不能如期进行，或者已经开始的庭审无法继续进行，从而决定推延审理的一种诉讼制度。

诉讼中止：在诉讼进行过程中，由于某种法定情形的出现而使诉讼活动难以继续进行，受诉人民法院裁定暂时停止本案诉讼程序的制度。

2. 诉讼财产保全：在诉讼进行过程中，人民法院对于可能因当事人一方的行为或者其他原因，使判决难以执行或者造成当事人其他损害的案件，根据对方当事人的申请，可以裁定对其财产进行保全；当事人没有提出申请的，人民法院在必要时也可以裁定采取保全措施。

诉前财产保全：利害关系人因情况紧急，不立即申请保全将会使其合法权益受到难以弥补的损害的，可以在提起诉讼或者申请仲裁前向被保全财产所在地、被申请人住所地或者对案件有管辖权的人民法院申请采取保全措施。申请人应当提供担保，不提供担保的，裁定驳回申请。

四、简述题（共 20 分，每题 10 分）

1. 开庭审理是人民法院独任审判员或审判人员组成合议庭，在当事人的其他诉讼参与人的参加下，依照民事诉讼法规定的形式和程序，查明案件事实，分清是非责任，对案件做出处理决定所进行的诉讼活动。开庭审理分为四个阶段：（1）开庭审理的准备：其任务是为开庭审理做好准备，保证庭审活动的顺利进行。主要工作是传唤、通知当事人和其他诉讼参与人；查明诉讼参与人是否到庭；审判长核对当事人，并告知当事人诉讼权利义务。（2）法庭调查：任务是审查核实各种证据，以查明案情，认定事实。（3）法庭辩论：任务是组织当事人、第三人及其诉讼代理人对法庭调查的事实、证据，提出自己的看法，陈述自己的意见，通过双方当事人的言辞辩论，便于法院查明事实，分清是非，为正确适用法律，做出裁判打下基础。（4）评议宣判：任务是通过合议庭评议，认定案件事实，确定案件性质，分清是非责任，正确适用法律，依法做出判决，并宣布判决，以解决当事人之间的争议。具体工作为：合议庭评议、宣判；告知当事人上诉权利、上诉期限和上诉法院。

2. （1）法院制作的裁判已执行完毕，但被本院或上级法院通过再审予以撤销，原被申请执行人以再审裁判申请执行回转。

（2）先予执行后，确定判决撤销了取得人已取得权利，对方当事人要求执行回转。

（3）其他机关制作的法律文书，人民法院执行完毕后，该文书又被原机关撤销，对方当事人要求回转财产的。

五、案例分析（共 20 分，每题 10 分）

1. （1）向某省高级人民法院或 A 市中级人民法院申请再审。《民事诉讼法》第一百九十九条规定，当事人对已经发生法律效力的判决、裁定，认为有错误的，可以向上一级人民法院申请再审；当事人一方人数众多或者当事人双方为公民的案件，也可以向原审人民法院申请再审。

（2）按二审程序审理。《民事诉讼法》第二百零七条：人民法院按照审判监督程序再审的案件，发生法律效力的判决、裁定是由第一审法院做出的，按照第一审程序审理，所做的判决、裁定，当事人可以上诉；发生法律效力的判决、裁定是由第二审法院做出的，按照第二审程序审理，所做的判决、裁定，是发生法律效力的判决、裁定；上级人民法院按照审判监督程序提审的，按照第二审程序审理，所做的判决、裁定是发生法律效力的判决、裁定。

（3）依照审判监督程序再审的案件，人民法院发现原一、二审判决遗漏了应当参加的当事人的，可以根据当事人自愿的原则予以调解，调解不成的，裁定撤销一、二审判决，发回原审人民法院重审。

2.（1）票据支付地基层人民法院。

（2）法院应当在决定受理申请后 3 日内在有关报纸上刊登公告，催促利害关系人申报权利。

（3）①公示催告申请人在公示催告期间撤回申请的；②利害关系人在公示催告期间或申报期满后，判决做出之前申报权利的；③申请人逾期不申请判决的。

（4）①无明确的被告；②是非讼性质的。

（5）自知道或者应当知道判决公告之日起一年内，可以向做出判决的人民法院起诉，提起撤销除权判决之诉。

《民事诉讼法学》综合实训模拟四参考答案

一、单项选择题（共20分，每题1分）

1. C　2. C　3. A　4. C　5. B　6. B　7. A　8. C　9. B　10. D
11. B　12. C　13. B　14. A　15. B　16. D　17. D　18. D　19. C　20. B

二、多项选择题（共20分，每题2分）

1. AE　2. BC　3. ABCDE　4. AD　5. AC
6. ABD　7. BCD　8. CDE　9. BD　10. ABCD

三、概念辨析题（共20分，每题10分）

1. 辩论原则：民事诉讼的当事人就有争议的事实问题和法律问题，在法院的支持下陈述各自的主张和意见，互相进行反驳和答辩。

处分原则：民事诉讼当事人有权在法律规定的范围内，自由支配和处置自己依法享有的民事权利和诉讼权利的原则。

2. 诉讼中止：在诉讼进行过程中，因出现法定事由而使本案诉讼活动难以继续进行，受诉人民法院裁定暂时停止本案诉讼程序的制度。

诉讼终结：在诉讼进行过程中，由于某种法定事由的出现，致使本案诉讼程序无法或没有必要继续进行时，受诉人民法院裁定结束本案诉讼程序的制度。

四、简述题（共20分，每题10分）

1. 普通共同诉讼，是指共同诉讼人的诉讼标的是同一种类的，宜于合并进行审理而进行合并审理，由此形成的共同诉讼。特点有三：

（1）法院对案件要分别进行审理。

（2）共同诉讼人中一人的行为对其他共同诉讼人不发生效力。

（3）共同诉讼人中一人遇有诉讼中止或终结的情形，不影响其他共同诉讼人正常进行诉讼。

2. 人民法院对上诉案件，经过审理，按照下列情形，分别处理：

（1）原判决、裁定认定事实清楚，适用法律正确的，以判决、裁定方式驳回上诉，维持原判决、裁定。

（2）原判决、裁定认定事实错误或者适用法律错误的，以判决、裁定方式依法改判、撤销或者变更。

（3）原判决认定基本事实不清的，裁定撤销原判决，发回原审人民法院重审，或者查清事实后改判。

（4）原判决遗漏当事人或者违法缺席判决等严重违反法定程序的，裁定撤销原判决，发回原审人民法院重审。

（5）原审人民法院对发回重审的案件做出判决后，当事人提起上诉的，第二审人民法院不得再次发回重审。

五、案例分析（共20分，每题10分）

1. （1）有，追索赡养费案件几个被告不在同一辖区的，由原告住所地法院管辖。

（2）没有，上诉必须以书面提出。李三上诉有效。

（3）老李为原审原告，李二、李三为被上诉人。

（4）二审审理必须由审判员组成合议庭，不能吸收人民陪审员。

2. （1）本案系债权债务纠纷，属一般地域管辖，根据原告就被告原则，应到被告所在地法院起诉。

（2）本案是连带债务纠纷，共同被告有三个，分别住在朝阳区、东城区、丰台区。因此三个法院都有管辖权，原告可以选择其中一个法院起诉。

（3）如果李某向三个法院都递交了起诉状，那么应由最先立案的法院管辖。

（4）如果三个法院发生管辖争议，则由三个法院共同协商，确定其中一个法院管辖。

（5）如果三个法院协商不成，则应由这几个法院报请他们共同的上级人民法院来指定管辖。

《民事诉讼法学》综合实训模拟五参考答案

一、单项选择题（共20分，每题1分）

1. C　2. C　3. C　4. D　5. D　6. C　7. D　8. B　9. D　10. B
11. B　12. D　13. A　14. B　15. B　16. D　17. D　18. A　19. C　20. C

二、多项选择题（共20分，每题2分）

1. ABC　2. ABD　3. CD　4. BCD　5. AB
6. BD　7. AD　8. ACD　9. ABCD　10. ABCD

三、概念辨析题（共20分，每题10分）

1.（1）联系：均是为当事人利益而实施各种诉讼行为。

（2）区别：①以谁的名义不同。②结果由谁承担不同。③适用诉讼种类不同。④产生方式不同。⑤维护权利的范围不同。

2. 诉讼主体：有权使诉讼程序发生、变更、消灭的诉讼行为人，没有其参加，诉讼便无法进行，其对诉讼发生、变更、终结起决定作用。（1）联系：所有诉讼主体都是民事诉讼法律关系主体，诉讼主体的身份必然包含着民事诉讼法律关系的主体的身份。（2）区别：①内涵：后者比前者内涵更严格，后者有权行使使诉讼程序发生、变更、消灭的行为。②外延：前者包含后者。

四、简述题（共20分，每题10分）

1.（1）有新的证据，足以推翻原判决、裁定的。

（2）原判决、裁定认定的基本事实缺乏证据证明的。

（3）原判决、裁定认定事实的主要证据是伪造的。

（4）原判决、裁定认定事实的主要证据未经质证的。

（5）对审理案件需要的主要证据，当事人因客观原因不能自行收集，书面申请人民法院调查收集，人民法院未调查收集的。

（6）原判决、裁定适用法律确有错误的。

（7）审判组织的组成不合法或者依法应当回避的审判人员没有回避的。

（8）无诉讼行为能力人未经法定代理人代为诉讼或者应当参加诉讼的当事人，因不能归责于本人或者其诉讼代理人的事由，未参加诉讼的。

（9）违反法律规定，剥夺当事人辩论权利的。

（10）未经传票传唤，缺席判决的。

（11）原判决、裁定遗漏或者超出诉讼请求的。

（12）据以做出原判决、裁定的法律文书被撤销或者变更的。

（13）审判人员审理该案件时有贪污受贿，徇私舞弊，枉法裁判行为的。

2. 人民法院对上诉案件，经过审理，按照下列情形，分别处理：

（1）原判决、裁定认定事实清楚，适用法律正确的，以判决、裁定方式驳回上诉，维持原判决、裁定。

（2）原判决、裁定认定事实错误或者适用法律错误的，以判决、裁定方式依法改判、撤销或者变更。

（3）原判决认定基本事实不清的，裁定撤销原判决，发回原审人民法院重审，或者查清事实后改判。

（4）原判决遗漏当事人或者违法缺席判决等严重违反法定程序的，裁定撤销原判决，发回原审人民法院重审。

（5）原审人民法院对发回重审的案件做出判决后，当事人提起上诉的，第二审人民法院不得再次发回重审。

五、案例分析（共 20 分，每题 10 分）

1. （1）有，追索赡养费案件的几个被告不在同一辖区的，由原告所在地法院管辖。

（2）李二口头上诉不发生上诉的效力。李三上诉有效。

（3）上诉人：李三，被上诉人：老李。原审被告：李大、李二。

（4）上诉案件不能吸收人民陪审员。

（5）法院应裁定终结此案。

2. （1）对本案享有管辖权的有甲市 A 区法院和甲市 B 区法院。本案属于侵权纠纷，侵权行为地与被告住所地法院享有管辖权；本案的侵权行为发生在甲市 B 区，被告王某居住在甲市 A 区。

（2）根据《民事诉讼法》关于证据的分类：本案中，交通大队的事故认定书、医院的诊断书（复印件）、处方（复印件）、药费和住院费的发票都属于书证，王某在事故现场用数码摄像机拍摄的就他的车与刘某倒地之后的状态的视频资料属于视听资料。根据理论上对证据的分类：上述证据都属于间接证据；甲市 B 区交通大队的交通事故处理认定书、药费和住院费的发票，王某自己在事故现场用数码摄像机拍摄的就他的车与刘某倒地之后的状态的视频资料属于原始证据；医院的诊断书（复印件）、处方（复印件）属于传来证据；就证明王某的车撞到刘某并致刘受伤的事实而言，刘某提供的各类证据均为本证，王某提供的证据为反证。

（3）一审法院判决存在如下问题：第一，判决没有针对案件的争议焦点做出事实认定，违反了辩论原则；第二，在案件争执的法律要件事实真伪不明的情况下，法院没有根据证明责任原理来做出判决；第三，法院未对第二个争执焦点做出事实认定。

理由说明：①本案当事人的争执焦点是刘某倒地受伤是否为王某驾车撞倒了刘某；刘某受伤之后所留下的后遗症是否是因为对刘某采取的医疗措施不当所致。但法院判决中没有对这两个争议事实进行认定，而是把法院自己认为成立的事实——刘某因受到王某开车的惊吓而摔倒，作为判决的根据，而这一事实当事人并未主张，也没有经过双方当事人的辩论。因此，在这问题上，法院的做法实际上是严重地限制了当事人辩论权的行使。

②法院通过调取相关证据，以及经过开庭审理，最后仍然无法确定王某的车是否撞到了刘某。此时，当事人所争议的案件事实处于真伪不明的状态，在此情况下，法院应当根据证明责任分配来做出判决。

（4）二审法院维持原判，驳回上诉是不符合《民事诉讼法》规定的。因为，依据法律规定，只有在一审法院认定事实清楚，适用法律正确的情况下，二审法院才可以维持原判，驳回上诉。而本案中，二审法院的判决认定了王某开车撞到了刘某，该事实认定与一审法院对案件事实的认定有根本性的差别，这说明一审法院认定案件事实不清或存在错误，在此情况下，二审法院应当裁定撤销原判决、发回重审或依法改判，而不应当维持原判。

图书在版编目(CIP)数据

民商事法综合实训模拟/郑玉敏等编著 . —合肥:合肥工业大学出版社,2017.6
ISBN 978 - 7 - 5650 - 3362 - 9

Ⅰ.①民⋯ Ⅱ.①郑⋯ Ⅲ.①民法—中国—高等学校—教材②商法—中国—高等学校—教材 Ⅳ.①D923

中国版本图书馆 CIP 数据核字(2017)第 126104 号

民商事法综合实训模拟

郑玉敏 陈 晨 沈亚萍 李益民 编著	责任编辑 王钱超

出 版	合肥工业大学出版社	版 次	2017 年 6 月第 1 版
地 址	合肥市屯溪路 193 号	印 次	2017 年 7 月第 1 次印刷
邮 编	230009	开 本	710 毫米×1010 毫米 1/16
电 话	人文编辑部: 0551 - 62903205	印 张	13.75
	市场营销部: 0551 - 62903198	字 数	228 千字
网 址	www.hfutpress.com.cn	印 刷	安徽昶颉包装印务有限责任公司
E-mail	hfutpress@163.com	发 行	全国新华书店

ISBN 978 - 7 - 5650 - 3362 - 9   定价: 39.00 元

如果有影响阅读的印装质量问题,请与出版社市场营销部联系调换。